平凡社新書

877

自己実現という罠

悪用される「内発的動機づけ」

榎本博明

ENOMOTO HIROAKI

HEIBONSHA

自己実現という罠●目次

はじめに

「一億総活躍社会」とか「女性が輝く社会」などといったキャッチフレーズをひんぱんに耳にするようになった。だが、この「活躍」とか「輝く」という言葉は曲者《くせもの》だ。それによって多くの人々の心が惑わされ、生きづらさが生じている。

金銭報酬にとても見合わない過大な要求を突きつけられて、搾取されるような働き方を強いられているのに、あたかも「自分のため」に働いているかのような錯覚に陥る。

接客業で大切なのは、お客様の笑顔を引き出すこと。それが、この仕事のやりがいだ。どんなにきつくても、待遇が悪くても、お客様の笑顔ですべてが報われる。

保育の仕事が素晴らしいのは、子どもの無邪気な笑顔に触れられることだ。それがやりがいになる。どんなにきつくても、待遇が悪くても、子どもの無邪気な笑顔こそがかけがえのない報酬だ。

介護の仕事は大変な重労働だ。でも、利用者の嬉しそうな顔をみたり、感謝の言葉をもらったりすると、自分が人の役に立っている、人の人生を支えているのだと実感できる。それが大きな生きがいになる。どんなにきつくても、待遇が悪くても、利用者の役に立っていると感じられること、そして感謝の言葉をもらえることが、何にも代え難い報酬になる――。

このようなメッセージが至るところで聞かれる。仕事のやりがいを追求しよう、仕事で自己実現しようなどと刺激する。

そのせいで、どんなに苦しくても、提供する労働に見合う金銭報酬が得られなくても、「自分の成長のため」「やりがいのため」などと思い込み、つらい気持ちをごまかしながら働くことになる。

このような動きをみると、内発的動機づけ、内的報酬といった心理学の概念を経営側が悪用しているとしか思えない。そういった心理学理論が、低賃金かつ長時間労働といった不当な労働条件に耐えさせるためのトリックとして、悪用されているのではないかと疑いたくなる現状がある。

その仕掛けがあまりにも巧妙なため、過酷な長時間労働を強いられていながら、過重労働に駆り立てられているといった意識がないことが多い。自分は仕事で自己実現したいし、そのためにやりがいのある仕事に没頭しているのだと思い込まされている。

仕事はあくまでも生計を立てるための「手段」に過ぎないと考えれば、投入した労力に見合う金銭報酬や適切な勤務時間など、納得のいく待遇が与えられない場合に、正当な処遇を要求しようと思うだろうし、それが通らない場合は辞めるという選択肢も思い浮かぶはずである。

ところが、仕事そのものにやりがいを感じるべきだということになると、たとえ投入した労力に見合う金銭報酬が与えられなくても、過酷な勤務体制であっても、一切文句を言わずに、充実感や達成感、使命感といった内的報酬を感じながら働かなくては、と思い込もうとする。

それが搾取される働き方につながり、ときに過労死や過労自殺をも引き起こす。政府が主導する「働き方改革」では、裁量労働制や成果に対して賃金を支払う脱時間給制、同一労働同一賃金などの導入により、労働市場の流動化を図ろうとしている。「一億総活躍社会」「女性が輝く社会」などといった甘い言葉の陰で、安い労働力、使い捨てしやすい労働力の創出が目指されている。

現に、2018年問題として危惧されていたことが、現実になってきている。2013年4月に施行された改正労働契約法により、有期雇用が5年を超えた労働者は無期雇用に転換できるとされたが、そのせいで5年に達する前の2018年3月までに雇用契約を解消しようという動きが出ている。

そうした雇い止めにより、職を失う人が相次いでいる。労働市場の流動化とセットにされている正社員化は、安い労働力、使い捨てしやすい労働力の創出のための単なる隠《かく》れ蓑《みの》だったのかと疑わざるを得ない現実がある。

ここは何とか社会の空気を変えるしかない。仕事のやりがいを用いた心理トリックに気づいてもらう必要がある。

心理学者として内発的動機づけの効用を説くこともある身として、その考え方を悪用して従業員を酷使する事例が多いことに戸惑いを覚えざるを得ない。

仕事にあまり重たい意味を求めてしまうのは、じつは非常に危険なことなのではないか。多くの人が抱える生きづらさの背景には、仕事にやりがいを感じるべき、という考え方が広まっていることがあるのではないか——。

そのような視点に立って、人びとが無自覚のうちに抱えている仕事観や、そこにつけ込む産業界のトリックについて考えてみたい。さらに、そこでは心理学の理論が巧妙に利用されていることも示していきたいと思う。

第1章　「活躍したい」「輝きたい」は悪いのか

活躍できていない自分への苛立ち

入社3年目の20代の若手グループと懇談した際に、ある男性が、職場でパッとしない自分に対する苛立《いらだ》ちを口にした。

「就活しているとき、よく将来の自分のキャリア・デザインをしたんですけど、ほんとはいま頃、職場で実力を発揮して、周囲から評価され、3年目には小さなプロジェクトのリーダーを任せられるとか、まあ、具体的には職場によっていろいろでしょうけど、とにかく颯爽《さっそう》と活躍しているはずだったんです……。

でも、実際に働いてみると、これまで経験していないことばかりで、活躍どころか、与えられた仕事を人並みにこなすのに必死っていう感じで、活躍できていない自分に対する苛立ちがあって……」

そんな発言に対して、同僚からは、

「だれだって必死だよ。仕事をマスターするには何年もかかるんじゃないの? それに、お前はけっこう出来がいい方だよ。オレなんか、しょっちゅう主任から怒鳴られてるし。参っちゃうよ」

と、慰めるような発言があった。

別の同僚からも、

「活躍できていない自分に苛立ってるっていうけど、活躍ってよくわからない。っていうか、僕は自分が仕事で活躍するっていうイメージがないからなあ……。べつに活躍なんかしなくてもいいんじゃないの？　ふつうに働いていれば……」

と、活躍しているはずといった前提に、疑問を突きつけるような発言があった。

そのように言われても、やっぱり活躍できていない自分に納得がいかないようで、

「でも、やっぱり僕は、仕事でカッコよく活躍している自分のイメージにこだわっちゃう。仕事をマスターするには、まだまだ時間がかかるにしても、まだ学ばなきゃいけない段階だとしても、なんか、こう、テキパキ仕事をこなして、周囲から

『おっ、やるじゃないか』って思われたい、みたいな。それなのに、現実の自分は、全然カッコよく活躍できてないわけで……」

と、あくまでも活躍できない自分に対する不満を口にするのだった。

「やりたい仕事」病は和らぎつつあるが……

何のために働くのかを尋ねる意識調査の結果をみると、仕事に自己実現を求める傾向はここ数年の動向をみる限り、やや弱まりつつある。

私は、『「やりたい仕事」病』（日経プレミアシリーズ）において、学校でおこなわれはじめたキャリア教育のなかで、「好きなことをみつけよう」「やりたいことをみつけよう」「その好きなこと、やりたいことを仕事につなげよう」と言われることで、「やりたいこと志向」が注入されていくことの弊害を指摘した。

さらに「5年後、10年後の自分のキャリア像を具体的に思い描こう」などと、キャリア・デザインをさせられることで、就職後に「こんなはずじゃなかった」と失望したり自己嫌悪に陥ったりしやすく、先のことばかりが気になって、目の前の仕事に集中できなくなるとして、キャリア・デザイン教育の弊害についても警鐘を鳴らした。

人生は思い通りにならないことの連続であり、仕事も私生活も思いがけないことばかり起こるのが普通である。そのため、たまたまやることになった仕事に全力を注ぐしかないし、目の前の仕事に没頭することが大切であることを強調した。

これから、ますます先が読めない時代になっていくため、そうした心構えがよりいっそう大切になることは間違いない。

私が『「やりたい仕事」病』を刊行したのは２０１２年だが、そこでは日本生産性本部・日本経済青年協議会が実施した新入社員意識調査の結果を紹介し、「会社選択の際に重視する要因」として、かつて１位だった「会社の将来性」が急激に低下し、「自分の能力・個性が活かせる」や「仕事が面白い」が急上昇し、それぞれ１位、２位となっていると指摘した。

だが、「自分の能力・個性が活かせる」や「仕事が面白い」といった要因を重視する者の比率は、２０１１年、２０１２年あたりをピークに低下傾向にある。「自分の能力・個性が活かせる」をあげる者の比率は、２０１１年に36・８パーセント、２０１２年も37・０パーセントだったが、このあたりがピークで、２０１７年には31・２パーセントとなっている。「仕事が面白い」をあげる者も、２０１１年の26・８パーセントがピークで、２０１７年は17・８パーセントとなっている。

また、働く目的に関しても、「自分の能力をためす」が減少傾向にあり、２０１７年は10・９パーセントと過去最低となった。その一方で、「楽しい生活をしたい」が増加傾向にあり、２０１７年は42・６パーセントと過去最高となっている。

このことは、「好きなことを仕事にしよう」「仕事を生きがいにしよう」といった、キャリア教育で強調されるメッセージに煽《あお》られた若者たちが、過労死の事件報道などメディアから流れる情報に接して、仕事生活の現実に目を向けるようになった結果だと思う。私が「「やりたい仕事」病」と名づけた心理傾向が、多少は和《やわ》らいできていることをあらわしているのかもしれない。

ただし、そうは言うものの、「会社選択の際に重視する要因」として、相変わらず「自分の能力・個性が活かせる」が1位、「仕事が面白い」が2位であることには変わりがない。仕事に自己実現を求める傾向は、依然として根強いものがある。

仕事を楽しい生活をするための手段と位置づける若者と、仕事を自己実現の手段と位置づける若者に二極化しているとみることもできる。

だが、過剰労働で苦しむ労働者が多い現状をみると、後者のような思いをもつことの問題点を考えてみる必要があるだろう。

仕事に対するモチベーションの高い層は、「活躍」とか「輝く」といったメッセージに踊らされ、現実とのギャップに苦しんでいる。あるいは、本人ははっきりと意識していないかもしれないが、私生活を犠牲にして、無理せざるを得ないような状況に陥っているのではないだろうか。

「こんなはずじゃなかった」、輝かせてくれない職場への不満

自分の能力や個性が活かせると思って就職したのに、だれでもできるようなルー

ティンワークばかりで、イメージと全然違う、といった声を聞くことが多い。

一方で、企業の人事担当者や管理職と話をすると、最近の若手は、すぐに仕事に不満をもつから困るという。不満の理由として、よく若手が口にするのが、

「こんな仕事をするために、この会社に就職したんじゃありません」

「好きな仕事ができるって思ってたんですけど、いつまでこういう仕事をしないといけないんですか？」

「いまの仕事が自分の将来のキャリアにとって、どういう意味があるかわかりません」

「こんな仕事をしていても、自分が成長してるって感じがしないんです」

などといったセリフだという。

当の若手と話しても、そういった不満や疑問を口にすることが多い。ひと言でまとめれば、「こんなはずじゃなかった」という思いなのだろう。

「生活のために働く」という覚悟で就職したのであれば、下積みの仕事、初歩的な仕事、あるいはルーティンワークが続いても、それほど不満に思うことはない。だ

が、「自分の能力・個性が活かせる」ことや「仕事が面白い」ことを期待して就職した場合は、いきなり能力や個性を活かせるようなことはないだろうし、はじめから仕事が面白くなるようなことはない。

多くの仕事は似たようなことの繰り返しであるため、期待は裏切られ、「こんなはずじゃなかった」という思いに駆られるのだ。

込み上げる転職への衝動

そんなときに込み上げてくるのが、転職への衝動だろう。

政府も「労働力の流動化が必要」などといって転職のハードルを低くしようとしているため、多くの若者は、いまの仕事に満足できないと「転職」という言葉を思い浮かべやすい。よく口にするのが、「このままこの仕事を続けていても成長できない」とか「この職場で働いていても成長できる気がしない」などといった言葉だ。

そこには明らかに「仕事で成長し、自己実現すべき」といった発想がみられる。

せっかく育てて使えるようになってきたと思ったら、転職してしまう若手が多くて困る。そのような嘆き言葉をしばしば耳にする。それは組織としては大きな痛手だろう。

それまで上司や同僚との関係がぎくしゃくしていたり、仕事がいかにも合わないといった感じであれば、やむを得ないと納得できる。だが、職場にしっかり溶け込み、上司や同僚とも良好な関係だったり、仕事もうまくこなしていたりする人物から、いきなり転職の話を切り出されたときのショックは大きい。しかし、このところそうした転職も珍しくないという。

私が話を聞いた入社数年目の若手も、職場でしっかり成果を出しており、上司や同僚との関係もうまくいっているのに、転職を考えているのだという。

その理由を尋ねると、

「いまの職場が嫌なわけじゃなくて、ほんとに上司もいい人で、人間的にも尊敬できるし、仲間にも恵まれているとは思います。でも、このままずっとここに居ていいのかな、って思うんです。職場が合わないとか、仕事が嫌だとかいうんじゃないんです。仕事はわりと成果を出せるようになってきたとは思います。でも、この先ずっとここでこの仕事を続けても、なんて言うのか、成長していける感じがしないんです……」

というように、心のうちを語った。

最近の若者は「成長」という言葉をよく使うが、どうも違和感がある。その「成長」とは、いったい何を意味しているのだろうか。

先の転職を考えている若手社員も、いまの職場だと、どのような意味での成長機会が奪われると感じているのだろうか。そして、転職することで、どのような意味での成長を実現したいと思っているのだろうか――。話を聞いても、どうもイメージがつかみにくい。

何を求めているのかがわからなくなる

いまの職場では成長できない、といって転職したものの、つぎの職場でも同じような思いに駆られるようになる。そんな事態に陥るのも珍しいことではない。

思い切って転職したものの、何か物足りない。このまま仕事を続けても、納得できる自分になっていける気がしない――。そんな思いに駆られ、もっと自分が成長できる仕事がいいと思うようになる。

そこには、このままでは活躍する自分になれない、輝く自分になれないといった焦りがあるようだ。だが、「仕事で輝く」ということにとらわれすぎるあまりに、自分を追い込んでしまっているのではないか。


そもそも「仕事で輝く」とは、いったい、どういうことなのだろうか。

たとえば、営業職であれば、同僚よりも、多くの契約が取れたり商品を売ることができたら、それは輝いているのだろうか。平均以上の業績をあげることができれば輝いているといえるのだろうか……。

それなら、世の中の平均以上の人は輝いていることになるわけだが、そんな実感はないのがふつうだろう。

たとえノルマをこなしても、同僚より多くの商品を売り込んでも、自分が輝いているような気はしない。きまじめでモチベーションの高い人物ほど、「自分はまだまだダメだ。もっと成長しなければ輝けない」と自らを追い込み、無理をして身体を壊してしまったり、いつしか燃え尽きてしまったりする。

「仕事で輝く」という発想に縛られている人は、いったい何を求めているのだろう。本人に尋ねても、自分が何を求めているのかは、はっきりしない。

だれが輝いているのか

こうしてみると、「仕事で輝く」という発想そのものに問題があるのではないか。ここで改めて考えてみたいのが、いったい、だれが仕事で輝いているのか、ということだ。

仕事で輝いていると思われる人物を思い浮かべてみよう。すぐに思い浮かぶのは、活躍しているスポーツ選手、テレビでよくみるタレント、有名な芸術家などではないか。だが、そのような職業に就いている人は、ほんのひと握りにすぎない。

そこでわかるのは、著名なスポーツ選手や芸術家、人気タレントのように、特殊な才能に恵まれた人物を別にすると、仕事で輝いている人などほとんどいないということだ。

「だれもが仕事で輝く社会をつくろう」

などという政治家たちは、自分たちが輝いているつもりなのかもしれない。だが、それは大きな勘違いである。輝いているというよりも、どす黒い野心が透けてみえ、見苦しさを感じさせる場合が圧倒的に多い。

二世・三世の政治家は、たまたま政治家の家系に生まれたから家業を継いだだけであって、農業を継いだり、小売店を継いだりする人と変わらず、べつに輝いたりしていないし、ただふつうに家業を継いでいるだけだ。

国を動かすような大きな仕事がしたいと政治家になった場合も、権力欲に駆られ、たまたま運良くそれが実現しただけで、輝くどころか、「あんなふうにはなりたくない」といった醜さを漂わせていることも珍しくない。

理想の社会を実現したいという志をもって政治家になったという場合も、権力を手に入れる過程で志を捨ててしまうことが多く、そうでない場合は、なかなか思うように、権力が得られずにもがき苦しむばかりといったことになりがちなのではないか。

このように、社会的地位の高い仕事をしたところで、滅多なことでは輝くような存在にはなれない。ましてやふつうに働いている人が、「自分は輝いている」と感じることなどほとんどないのではないか。

みんな生きていくために必死になっている

世の中のほとんどの人は、生活のために仕事に追われているのであって、べつに輝くために仕事をしているわけではない。生きるのに必死なのである。それがいけないことなのだろうか。

電車の運転手も、駅員も、自分が輝こうなどと思って働いているわけではないだろう。だが、どんなに眠くてもちゃんと起きて出勤するのは、生活のためである。

そして、生活のために働く運転手や駅員がいなければ、電車を利用する人びとの暮らしは成り立たない。

電気工事をする人も、電気が点灯することで自分が輝くなどとは思っていないはずだ。どんなに疲れていても、生活のために必死に仕事をしている。そして、それがなければ、人びとの日常生活に支障が出る。

街のパン屋さんも、パンを焼くためにまだ日が昇らない時間に起きて作業しなければならない。そのために前日は、多くの人がテレビや一家団欒《だんらん》を楽しむ時間には眠りにつかないといけないが、自分が精魂込めて焼いたパンを楽しみに買いに来てくれる人がいるから、きつい仕事を続けることができる。

漁師だって、銀行員だって、スーパーの店員だって、教師だって、医師だって、自分が輝こうと思って仕事をしているわけではない。生活のために、どんなにきつくても頑張っているのだ。べつに輝こうと思ってしているわけではない。

だが、輝いていないからといって、そうした仕事をする人がいなくなってしまったら、世の中は回っていかない。仕事をするというのは、そういうことなのではないか。

「活躍社会」「輝く社会」といったメッセージが刺激する自己愛

メディアを通して「一億総活躍」とか「女性が輝く」といった政府の宣伝文句が伝わってくる。

政府としては、自分たち政治家だけが主役なのではなく、国民一人ひとりが主役なのだと言いたいのかもしれない。それで多くの国民が尊重されているような気になり、政府に対して好意的になると思っているのだろう。しかし、このような宣伝文句が、多くの国民を苦しめることになる。

「一億総活躍」などという言い方には、国民すべてが仕事で活躍すべきといったメッセージが込められている。このようなメッセージが社会に溢《あふ》れることにより、だれもが「自分も活躍しなければ」といった思いに駆られるようになる。

だが、すでにみてきたように、ほとんどの人は、仕事で活躍しているとは感じないものだ。それにもかかわらず「一億総活躍」などといったメッセージが氾濫することで、自分がしている仕事に納得できなくなり、「活躍できない自分は人生の落伍者《らくごしゃ》だ、ダメ人間だ」と自己肯定感を低下させ、仕事にも自分にも満足できなくなる。

「女性が輝く」という宣伝文句も同じだ。このような言い方には、世の中の女性のすべてが仕事で輝かないといけないといったメッセージが込められている。

だが、すでにみてきたように、女性に限らず、仕事で自分が輝いていると感じている人などほとんどいない。

そもそも「女性が輝く」などと言う前に、男性は輝いているのか、ということを考えてみれば、いかに見当違いなメッセージであるかがわかるだろう。

世の中の男性のほとんどは、自分が輝くために仕事をしているのではない。生活のために必死になって働いている。家族がいる場合は、家族のために必死になって働いている。自分だけのためでなく、家族のためと思うことで、つらい仕事にも耐えられるといった側面もある。

ところが、「一億総活躍」だとか「女性が輝く」といった宣伝文句がメディアを通してばらまかれ、「仕事で活躍すべき」「仕事で輝くべき」といったメッセージが世の中に溢れることで、だれもが有名なスポーツ選手や人気タレントのように目立たないといけないような気にさせられる。

そのようなことは、ほとんどの場合、まるで非現実的なのだが、その種のメッセージが世の中に溢れているため、人びとの自己愛が過剰に刺激される。

本来、仕事というのは自分が目立つためにするものではないはずなのに、「自分が活躍しないといけない」「自分が輝かないといけない」と思い込まされることで、「自分が、自分が――」と自己中心的にものごとをとらえる心理傾向が助長される。

肥大化する誇大自己と自己愛過剰の病理

「自分が活躍すべき」「自分が輝くべき」というように自己愛が刺激されることで、自己愛過剰になり、誇大自己が肥大化していく。

自己愛過剰の問題については、私は『病的に自分が好きな人』（幻冬舎新書）において指摘した。

自己愛は、だれにもあるもので、それがなければ生きていけない。だれにとっても自分は特別な存在である。しかし、自己愛があまりに過剰になると病的とみなさざるを得なくなる。

自己愛が病的なまでに過剰な症状として、自己愛人格障害がある。これは、「自分は特別」といった意識が極端に強く、「自分が活躍する姿」や「自分が輝く姿」を思い描き、その実現を誇大妄想的に追い求める病理である。

「人からほめられたい」「自分には他の人よりも優れたところがある」「自分はこんなところに埋もれている人間じゃない」などといった意識が極端に強く、そうした思いが非現実的なまでに膨れあがった状態が、自己愛人格障害ということになる。

「自分が活躍すべき」「自分が輝くべき」などと自己愛を刺激され続けることで、誇大自己が肥大化し、自己愛過剰の病理に陥ることは十分考えられる。すでにそのような心理状態に陥っている者も少なくないだろう。

ただし、非現実的なところがあるため、

「活躍したいのに、現実の自分は活躍できていない」
「輝きたいのに、現実の自分は輝いていない」
という現実を前に、本人は苦しむことになるのだ。

自己愛過剰な人物の特徴として、自己誇大感と自信のなさの両極の間を揺れ動くということがある。

自己愛過剰な人物は、非現実的なほどに高い自己評価をもつ。それは、現実離れしていて、何の裏づけもない。いわば「根拠のない自信」である。

その自信には根拠がないからこそ、不安定さがつきまとう。わざわざ偉そうに振る舞ったり、自慢げに話したりする。さらに、持ち上げられないと機嫌が悪くなったりするのも、表面上は自信ありげにみせていても、心の底には自信のなさが潜んでいるからだ。

だが、自己愛過剰には、このように偉そうな態度を取り、自信たっぷりにみせるタイプだけでなく、おどおどして自信のなさが滲《にじ》み出ているタイプもいる。けっして偉そうにせず、むしろ控え目で、どちらかといえば自信がなさそうにみえるが、自分のことで頭がいっぱい、という意味で自己愛過剰なタイプといえる。

自己愛過剰というと尊大で自分を押し出すタイプばかりがイメージされがちだが、心理学や精神医学の世界では、人から認めてもらえないのではないかといった不安が強く、引っ込み思案なタイプもいることが共通の理解となりつつある。

どちらも、ほんとうのところは自信がないのだが、自己愛過剰の歪《ひず》みのあらわれ方が対照的なのである。

いずれにしても、「自分が活躍すべき」「自分が輝くべき」といったメッセージによって自己愛が過剰に刺激されることにより、「自分は特別」といった意識を強め、平気で人を利用したり、権力や資本力に任せて搾取することに罪悪感をもたない心がつくられる。

莫大な利益を上げ、成功している事業家のなかには、そのようなタイプも珍しくない。

多くの人は、そこまで利己的な思考に徹することができず、どのような形で輝けるのかがわからないでいる。そして、そんな「活躍できない自分」「輝けない自分」をふがいなく思っている。

だが、平気で人を利用したり、力任せに搾取して利益を上げている事業家も、先にあげた政治家などと同じく、けっして輝いているわけではない。

目の前の仕事に没頭すること

冒頭で、せっかく就活がうまくいっても、いざ仕事をやりはじめると、「こんなはずじゃなかった」「思っていたのと違う」などの不満を募らせる若者が多くなっていることを指摘した。

そこには、「仕事で活躍すべき」「仕事で輝くべき」といった思いに加えて、「好きなことを仕事にすべき」といった発想が深く関係している。

仕事というのは、はっきりいって人からお金をもらう手段である。ゆえに、呑気《のんき》に好きなことをしているだけで成り立つわけがない。

嫌な思いをしても、それを顔に出さずに、淡々と仕事をこなさなければならないこともある。自分に落ち度はないのに、頭を下げなければいけないこともある。一所懸命に頑張っても成果が出ず、報われないことだってある。同じことの繰り返しに嫌気がさすこともある――。

生きていくためには、そんなときも何とか粘るしかないわけだが、そこで障害となるのが、「好きなことを仕事にすべき」といった発想である。

すでに就職する前に、そうした発想を植えつけられる時代になっている。ゆえに、せっかく就職できても、「こんなはずじゃなかった」「こんな仕事は我慢できない」ということになりやすい。

大学でキャリア教育を受けている学生たちの反応をみてみよう。

「キャリア教育の授業では、『好きな仕事』を探すように、そのために何を準備したらよいかを考えるように言われます。

でも、私もそうだし、『好きな仕事をみつけなければいけない』ということが負担になり、身動きがとれなくなっている友だちが何人かいます。

そのように考えるより、先生が言ったように『たまたまやることになった、自分の仕事に没頭する』ということの方が、何の迷いもなく目の前のことに集中しやすいし、実際に力がつくし、自信につながると思います。まだ就職前の私は、学生としての目の前の課題に没頭しようと思いました」

「私は、好きなことを仕事にしないといけないと思っていました。キャリアの授業でも、そうするように言われてきたし……。

それなのに、やりたい仕事が思い浮かばず、将来の自分の姿を想像することができなくて、落ち込んでいました。

でも、今日この授業を受けて、『自分の仕事に没頭する』ことの大切さに気づきました」

「じつは、就職1年目で『やっぱり好きな仕事じゃなかった』といって辞めてしまった先輩のことが、頭に引っかかっていました。

そういうことがあるから、好きな仕事に就かなくちゃって焦っていたけど、逆に、そうならないためにも、たまたまやることになった仕事に没頭することが、大切なんだと思えました。その方が選択肢も広がるし、自分のキャリアは失敗だと感じることもなく、想定外の展開にもついていけると思いました」

夢がなくてはいけないのか

キャリア教育では、「好きな仕事をみつけるように」に加えて、「仕事で叶えたい夢をもつように」と言われたりもする。「仕事で活躍すべき」「仕事で輝くべき」といったメッセージが、それを後押しする。

子どもの頃は、大きくなったら「野球選手になりたい」「サッカー選手になりたい」「宇宙飛行士になりたい」「ケーキ屋さんになりたい」「お花屋さんになりたい」などといった夢をよく口にするものだが、中学生くらいにもなると、みんな現実的になり、さすがにそうした夢をあまり口にしなくなる。

そういったこともあって、中高生や大学生に「夢をもとう」「好きな仕事をみつけて夢の実現をめざそう」などと説く、キャリア教育がおこなわれるようになったのだろうか。でも、それは無理やりな気がする。

自分には夢がない、仕事で実現したいというような夢がない、という学生は、つぎのような葛藤や疑問を口にする。

「仕事で叶えたい夢があって、それに向かって努力するっていうのは素晴らしいと思います。それを実現したら、ほんとうに幸せな人生になるんだろうと思います。それはわかるんですけど、キャリアの授業で、いくら仕事で実現したい夢を探そうとしても、全然思い浮かばないんです。夢も希望もない人間って、何だか淋《さび》しいですけど、自分の実力からして、仕事で夢をみるっていう実感がありません」

「僕は、現実的すぎるのかもしれませんが、生きていくためには自分でお金を稼ぎ、自力で生活できるようになる必要があると思うし、仕事は稼ぎのための手段だし、夢を叶えるために仕事をするっていうのは、ふつうの人間にはあまり縁のない話なんじゃないかって、キャリアの時間にいつも思っちゃいます。
ワークとかで、仕事で叶えたい夢を得意になって語る人が多いですけど、そんなことばかり言ってて、世の中に出て、ちゃんと働けるのかなって思います」

「キャリアの授業で、『夢をもとう』『その夢を実現できる仕事に就こう』と言われ、みんな自分の夢を実現できる仕事を探そうと必死になってますけど、歌が特別うまいから歌手になる、とびきりの美人でスタイルも良いからモデルになる、といった職業なら別ですが、一般の企業に就職するにあたって、みんな自分の能力に夢をもちすぎている気がします。そんなことを言っていたら、納得できる仕事なんてみつからないと思います」

このように現実をみつめている学生の方が、よっぽど健全なのではないか。安易なキャリア教育に踊らされて非現実的な夢をみて浮かれている学生、自分の実力とかけ離れた夢を掲げる学生をみていると、このまま世の中に出ていって大丈夫だろうか、と心配になる。夢などを掲げるから、いざ現実の壁にぶち当たったとき、挫折しやすくなってしまうのではないか。

そもそも仕事で叶えるような夢がないといけないのだろうか。社会に出て活き活きと働いている人たちは、仕事で叶えたい夢というものをもっているだろうか。

日本生産性本部は毎年春と秋に新入社員を対象に意識調査を実施しているが、２０１６年の秋の調査結果をみると、「自分には仕事を通じてかなえたい『夢』がある」という人は37・８パーセントであり、過去最低の比率となった。

２０１０年秋は58・３パーセントであったが、２０１４年秋には44・８パーセントと50パーセントを割り、ついに２０１６年秋に40パーセントをも割った。このような傾向は、現実の厳しさを認識する若者が増えていることのあらわれと言えるだろう。

毎年、春よりも秋の方が、「自分には仕事を通じてかなえたい『夢』がある」という人の比率が低くなっている。

たとえば、２０１２年では春の70・5パーセントに対して秋は50・7パーセント、２０１４年では春の66・0パーセントに対して秋は44・8パーセント、２０１６年では春の59・0パーセントに対して秋は37・8パーセントというように、「ある」という人の比率が、秋になると春よりも20ポイントほど低下している。

こうした傾向も、入社直後の春には、まだ仕事で夢を叶えようという思いがあっても、実際に仕事をはじめて半年も経つと、仕事の現実を知り、夢をみるよりも目の前の現実に没頭するようになることを示唆するものと言える。

そうであれば、キャリア教育ももっと現実的なものにしていく必要があるだろう。

満たされない自己愛につけ込む資格・転職ビジネス

本来、仕事というのは生きていくために必要不可欠な行為であり、生活の糧《かて》を得るための手段である。ゆえに、衣食住を満たすための給料がもらえればよいはずである。

実際、「仕事で活躍すべき」「仕事で輝くべき」「仕事で夢を叶えるべき」などといったメッセージが世の中に溢れていなかった頃は、人並みの暮らしができるだけの給料をもらえることで満足できたし、給料が上がっていくことで幸せを感じることができた。

ところが、「仕事で輝こう」とか「仕事で夢を叶えよう」などと自己愛を煽られることで、働いた分の給料をもらって満足していた人も、それだけでは満足できなくなる。

仲間と協力し合って、部署としてのノルマを達成することで充実感を味わっていた人も、

「これで自分は輝いているのだろうか？」

「こんなことをしていて、夢の実現に向かっていると言えるだろうか？」

などと自問するようになり、いまの仕事に満足できなくなる。

十分な給料がもらえている人までが、仕事生活に物足りなさを感じ、仕事に不満をもち、転職を考えるようになったりする。

非現実的な「活躍幻想」や「輝き幻想」にとらわれたり、夢に向かって突き進ま

なければいけないと思ったりすることで、どんなに仕事をしても心が満たされないということが起こっているのである。

そこに目ざとく触手を伸ばすのが、転職ビジネスや資格ビジネスである。

「このままで、いいんだろうか……」

「こんなことをしていて、いいんだろうか……」

といった不満や不安を煽るような宣伝文句をちりばめながら、転職を勧めたり、資格の取得を促したりする。こうして多くの人たちが「活躍幻想」「輝き幻想」に振り回されることになる。

仕事は生活の糧を得るためのものと割り切っている人はよいのだが、仕事で活躍しなければ、輝かなければ、夢を叶えなければ、などと思うから追い込まれるのである。

たとえば、きちんと働いて家族の生活を支えている人が、「自分は活躍している」などと思っているだろうか。人びとの役に立つような仕事をして充実している人が、

「自分は輝いている」などと思うだろうか。雰囲気の良い職場で働き、満足して暮らしている人が、果たして「自分は夢の実現に近づいている」などとほんとうに思っているのだろうか——。

満ち足りた思いで働いている人や、つらくても生活のために必死に働き充実した時を過ごしている人は、だれもそんな余分なことは考えていないはずだ。

だが、「活躍幻想」や「輝き幻想」を植えつけられてしまった人たちは、余分なことを考えるようになり、自己嫌悪や不満だらけになっていく。

「やりがい」を求めてはいけないのか

こうしてみると、仕事で活躍したいとか、輝きたいと思うのは、あまり好ましくないと言えそうだ。

また、特別に「これになりたい」というものがない場合は、仕事で叶えたい夢などなくてもよいので、夢がみつからないと焦る必要はない。好きな仕事がみつからなくても構わない。

多くの人は、たまたま就職できたところで働いているわけで、「それが人生なのだ」ということになる。生活の糧を得るために仕事をしなければならないのだから、極端な話、仕事に「夢」とか「好き」といった要素が絡まなければいけないということはない。

それならば、仕事に「やりがい」は必要ないのだろうか。

生活の糧を得るためには、自分にできる仕事をするしかない。でも、どうせやるなら、ただ嫌々やっているより、「やりがい」を感じてやっている方が、ずっと気持ちよく働ける。そう考えると、「やりがい」はあっていいものだし、むしろあった方がいいだろう。

ただし、本書で私が注意を促したいのは、仕事の「やりがい」は諸刃《もろは》の剣みたいなもので、働く人を活き活きさせる面があると同時に、不当な搾取に対する働く人の感受性を鈍らせる面もあるということである。

これについては、つぎの章でみていくことにしたい。

第2章 「自己実現《やりがい》」によって搾取される人たち

「お客様の満足」「お客様の笑顔」という魔法の言葉

学生とアルバイトについての話をすると、「お客様」という言葉がやたらと出てくるのが気になった。「お客様に満足してもらえるように」「お客様の笑顔を引き出せるように」と頑張っているようなのである。

かつて、学生がこのような言葉を口にするのを聞いた覚えはないのだが、最近はよく耳にする。

アルバイトの現場で、「お客様の満足」や「お客様の笑顔」を強調し、それを引き出すべく頑張るようにといった従業員教育がおこなわれるようになってきたということだろう。

客が満足し、笑顔になるような働き方をすることにケチをつけるつもりはない。それは、客にとってよい働きができていることの証拠とも言える。

だが、このところ気になるのは、それをあまりに強調することで従業員を酷使する、新手《あらて》の搾取がおこなわれているのではないかということだ。

求人・転職支援を業務とするエン・ジャパンが２０１５年に実施した意識調査によれば、「仕事のやりがいを感じていますか」との質問に対し、やりがいを感じているという人は39パーセント、やりがいを感じていないという人は48パーセントであった。

やりがいを感じていると答えた人に、「やりがいを感じる瞬間」について尋ねたところ、「お礼や感謝の言葉をもらったとき」が61パーセントと最多で、「ひとつの仕事をやりとげたとき」の45パーセント、「責任ある仕事を任されたとき」や「目標を達成したとき」の43パーセントを大きく上回った。

人を相手にするサービス業が多くなっていることもあるのだろう。人から感謝されればだれでも嬉しいものだし、人の役に立っているのを実感することは、仕事のやりがいを感じることにつながる。

ゆえに、感謝の言葉をかけられると気分がよくなり、仕事にやりがいを感じ、もっと頑張ろうという気持ちになる。

このこと自体は、けっして悪いことではなく、むしろ好ましいとも言えるのだが、「もっと役に立ちたい」と無理をしてしまうところに問題が生じる。

「間柄の文化」だからこそ、人の役に立ちたいという思いが強い

私は、欧米の文化を「自己中心の文化」、日本の文化を「間柄《あいだがら》の文化」と名づけて対比させている（『「みっともない」と日本人』日経プレミアシリーズ）。

「自己中心の文化」というのは、自分が思うことを思う存分主張すればよい、ある事柄を持ち出すかどうか、ある行動を取るかどうかは、自分の意見を基準に判断すればよい、とする文化のことである。

そこでは、常に自分自身の気持ちや考えに従って判断することになる。

積極的な自己主張をよしとする欧米の文化は、まさに「自己中心の文化」と言ってよい。そのような文化のもとで自己形成してきた欧米人の自己は、個として独立しており、他者から切り離されている。

一方、「間柄の文化」というのは、一方的な自己主張で人を困らせたり嫌な思い

にさせたりしてはいけない、ある事柄を持ち出すかどうか、ある行動を取るかどうかは、相手の気持ちや立場を配慮して判断すべき、とする文化のことである。

そこでは、常に相手の気持ちや立場を配慮しながら判断することになる。

勝手な自己主張を控え、思いやりをもつべきとする日本の文化は、まさに「間柄の文化」と言える。そのような文化の下で自己形成してきた日本人の自己は、個として閉じておらず、他者に対して開かれている。

そのため、「間柄の文化」に生まれ育った私たちにとって、だれかの役に立っていることは大きな充足感につながる。

電車の運転手もロボットではなくふつうの人間である。

毎朝早く起きるのはつらい。とくに寒い冬になると、もっと布団のなかで温まっていたいといった誘惑に駆られることもあるだろう。そんなときも、通勤・通学の人たちにとって必要不可欠の仕事なのだ、自分が起きないとみんな困ってしまうと思うと、眠さや寒さも吹き飛んでしまう。

農作業は朝が早いだけでなく重労働である。疲れすぎてもう身体がもたないと思うこともあるだろう。しかし、自分がつくった農作物を求めてたくさんの人が市場にやってくると思うと、やる気も湧いてきて、疲れた身体に鞭打って農作業にいそしむ。

だが、ときにそれが行きすぎて、客の立場や気持ちを思いやるあまり、つい無理をしすぎてしまうということが起こってくる。

それが過剰労働につながっていく。

つい無理をしてしまう心理。CS（顧客満足）の弊害

「自己中心の文化」であれば、従業員も自分の立場を当たり前のように主張し、自分の権利を守ろう、自分の身を守ろうとする。

たとえば、別の仕事が詰まっていて納期を早めろと言われても、無理な場合には、「別の仕事が詰まっているので、それはできません」

と即座に断ることができる。急に言われても即座に対応はできないという場合も、「急に言われても、それは無理です」

と即座に断ることができる。

だが、「間柄の文化」で自己形成してきた私たち日本人は、そのような自己主張がしにくい。どう考えても無理な場合でも、即座に「無理です」と断ることができない。ついつい相手の立場を尊重する姿勢を取ってしまう。「お客様が困るだろう」などと思うと、そこで納得してしまうのだ。

そこにCS（customer satisfaction、顧客満足）などといったアメリカで生まれた概念を取り入れたりしたものだから、とんでもないことになってきた。このことは、拙著『「おもてなし」という残酷社会』（平凡社新書）において指摘したところである。

個という核をもつ「自己中心の文化」であれば、いくらCSが強調され、「お客の満足を優先するように」と言われても、店員にだって個があるため、当然客に対して身を守ることができる。

むしろ、CSが強調されることで、いつもマイペースで動く店員も多少は客の立場を配慮するようになる、といった効用が期待できる。

だが、個という核がなく、間柄を生きる「間柄の文化」では、客へのサービスに歯止めがきかない。

もともと客に対してだけでなく、日常の人間関係でも人に対して非常に気をつかうため、CSなどといった概念がなくても、客に対して十分に感じのよい対応がなされてきた。

そこにさらにサービス精神を叩き込まれる。

「お客様の満足が第一」
「お客様の笑顔を引き出そう」
「取引先に迷惑はかけられない」

こうして、日本ではサービスがどこまでも過剰になり、労働者は追い込まれていく。多くの労働者は、どんなに無理な要求でも、即座に断ることができず、無理をなんとか無理でないようにしなければと必死になって働く。

それが過重な仕事の負荷となって、過労死をはじめとする健康上の深刻な問題を生じることにつながっていく。

「仕事で自己実現すべき」という勘違いを煽る社会

前章で、「こんな仕事をしていても成長できそうにない」「ここで働いていても自分が成長できる気がしない」「もっと自分の成長につながる仕事がしたい」などといった不満をもつ若者が多いことを指摘した。

私も、「このままここで働いていても成長できない」といって転職を考えている新人の相談に乗ったり、「自分が成長できる仕事に就きたい」という就活生の相談に乗ったりすることがあり、若者が「成長」という言葉をよく口にすることに違和感を覚えるようになった。

どのような仕事でも、続けていれば習熟してくる。それも成長ということになる。

どんなに仕事がつまらないと思っていても、やっているうちに上手にできるようになることもある。効率的にできるようになるという意味では、成長していることになる。

どんなにきつい仕事でも、我慢してやり続けているうちに忍耐力がつき、当初は耐えられなかったことも耐えることができるようになる。それは紛れもなく成長していることになる。

仕事が、つまらないと感じるときやつらいと感じるときなどに、「でも、自分は我慢してこの仕事をすることで成長している」と思うことで、何とか続ける気持ちになれる。成長というのは、そんなときに何気なく意識されるものだったのではないか。

それがいつの間にか、積極的に求めるものになってきたように思われる。

２０１７年のマイナビ新入社員意識調査をみても、「社会人生活の中でどのようなことに期待を持っていますか」という質問に対して、「自分が成長できる」が68・1パーセントと1位になっており、2位の「収入が得られる」の45・3パーセントを大きく上回っている。

先にも指摘したように、仕事というのは、生活の糧を得るためにやらなければならないはずなのだが、それよりも自分の成長を強く意識する。そこには、「仕事で自己実現すべき」といったメッセージを発する最近の風潮が強く関係しているのだろう。

自己実現の心理学を提唱した心理学者マズローは、自己実現を求める動機のことを成長動機と呼んでいる。

モノが欠乏し、生活が不安定だった貧しい時代には、食べ物がほしい、生活の安定がほしいなどと、現状に欠けている要素を求める、つまりマズローの言う欠乏動機で人びとは動いていた。

だが、物質的に豊かな時代になり、必要なモノ、便利なモノが身のまわりに溢れるようになると、人びとは欠けている要素を求めるよりも、自分を活かしたい、自分らしく生きたい、自分の潜在能力を開発したい、価値ある生き方をしたいなどと思うようになってくる。それが成長動機であり、自己実現欲求である。

自己実現というのは、べつに仕事によって達成されなければならないものではない。趣味や家族生活、友だちづきあいなど、私生活も含めて、

「より自分らしい人生を送れるようになりつつある」

「人間的に成長しつつある」

などと感じるようなとき、その人は自己実現の道を歩んでいることになる。

仕事生活にしても、べつに目立つような仕事をしていなくても、子育てとの両立に苦慮しながら、仕事も子育ても何とかこなせるようになりつつあるのを感じるとき、自分らしい生活のバランス、自分の潜在能力の開発、次世代を育てるという価値と生活の糧を稼ぐという価値の融合などといった意味で、自己実現の道を歩んでいることになる。

逆に、いくら仕事で目立っていても、出世しても、稼ぎまくったとしても、倫理観に欠け、ひたすら儲け主義で、他人から搾取するばかりだったり、自分が目立ちたいという過剰な自己愛に溺れていたりするのであれば、それは自己実現とはほど遠い生き方と言わざるを得ない。

自己実現という言葉が、どうも自己中心的な方向に曲解されて、世の中に、とくにビジネス界に広まっているように思われてならない。

仕事は活躍するため、楽しむためのものなのか

人は、生きていくためには嫌でも働かなければならない。

客から感じの悪い態度をとられても、店員として給料をもらって生計を維持している限り、仏頂面をせずに無理して笑顔をつくって応対せざるを得ない。自分に落ち度がなくても頭を下げなければならないことなど日常茶飯事だ。

取引先から強引な要求があり、

「なんて強引なんだ。しかも偉そうな態度で当たり前のように要求しやがって」

と内心腹が立っても、そんなことはおくびにも出さずに、頭を下げて交渉し、可能な限り要求に応えるべく努力をする。

上司から理不尽に怒鳴られても、会社員として給料をもらって暮らしている限り、キレそうになる衝動を必死に抑えて、形だけ謝り、あとは聞き流すしかない。

どんなに寝不足でも、ぎゅうぎゅう詰めの満員電車にストレスを感じていたとしても、生活をしていくためには毎朝無理にでも起きて満員電車に乗り込むしかない。多くの人にとって、仕事とはそのようなものだ。ただひたすら忍耐力が問われるのであって、自分の活躍を意識することなど、ほとんどないと言ってもいいだろう。

自分の周りを見渡してみよう。仕事で輝いている人、活躍している人がどれだけいるだろうか。ほとんどの人は、自分の生活のため、あるいは家族のために、嫌な思いをしても我慢して働いている。疲れた体を鞭打って、挫《くじ》けそうになる気持ちを奮い立たせて、何とか働き続けているのである。

漫画家でタレントの蛭子能収は『女性自身』の人生相談で、4月に入社してまだ1カ月にもならないのに、仕事が嫌になり、「蛭子さんのように、自由気ままに生きていきたい」から仕事を辞めようと思っている、という22歳の新入社員に対して、

「じゃあ、仕事を辞めて競艇場に行けばいいいんじゃないですか？」

と答えている。

蛭子は、ふだんは仕事で競艇場になかなか行けないが、競艇が大好きなのだという。仕事については、

「楽しいと思ったことがありません」

「いいことなんかひとつもありませんよ」

という。

それでも働いているのは、「自由に生きるため」だという。そして、

「仕事でやりがいや生きがいを見つけようとするのが間違い。働くことに意欲を求めるのがおかしいんです。仕事で輝くという人生は変。人は、競艇場で輝くために働くんです」（キャリコネニュース　2015年5月17日）

というように、自分の仕事に対する思いを吐露している。

もちろん、「競艇場で輝くために働く」というのは蛭子らしい奇をてらったもの言いだが、競艇場の代わりにここに何を入れるかは人それぞれだ。

ひとり旅を楽しむためでもいいし、温泉巡りをするためでもいい。山に登るため、海に潜るためでもいい。絵を描くためでも、芸術に親しむためでもいい。好きなアーティストのコンサートに行くためでも、ひいきの球団の応援に通うためでもいい。家族旅行を楽しむため、居心地のよい居住空間を手に入れるためでもいい。

仕事をすることで得たお金を使って何かを楽しむ。そういった発想の方が自然だし、健全ではないだろうか。

労働力の流動化という罠

近頃は、労働力の流動化ということがしきりに言われるようになっている。欧米ではそうだからといって、いかにもそれが正しいことのように推奨されている。日本人は、欧米コンプレックスが強いため、「海外ではこうしている」「欧米ではこうなっている」と言われると、「日本は遅れてるんだ」「日本はどこかずれてるんだ」と思ってしまう。

だが、労働力の流動化が進んでいる欧米の労働者がどれほど苦しんでいるかは、ニュースをみていればわかることだ。

終身雇用に象徴されるように、労働力の流動化率が低いことが日本の強みであり、それによって労働者が守られてきたのである。

リストラという言葉をよく耳にするようになったが、それを促すのが労働力の流動化である。労働力の流動化というのは、従業員をいつでも簡単に切り捨てられる取り替え可能な道具とみなす欧米流のやり方であり、経営者にとって都合のよい論理に基づくものだ。

日本ももっと労働力の流動化に踏み出すべきだと言われるが、従業員を簡単に取り替え可能な道具とみなさず、労使の間にも人間的な気持ちの交流があるのが日本流であり、それによって労働者が守られるばかりでなく、それが日本的経営の強みにもなっていたはずなのである。

不景気になって、経営が厳しくなっても雇用主は従業員を簡単に切り捨てたりはしない。こっちも苦しいけど、雇用主も苦しいんだ。そう思うことで、給料などの待遇面が悪化しても、モチベーションを下げることなく全力で仕事に向かう。そのような従業員の心意気に何とか応えようと、雇用主の側も必死になって経営の立て直しに尽力する。

グローバル化の波にさらされ、競争力の強化のために従業員を切り捨てやすくしなければならないという経営側の事情も、わからないわけではない。だが、そのための安い労働力の創出や容易に切り捨てられる雇用形態の創出を、あたかも労働者のためであるかのように喧伝《けんでん》するのは問題だろう。

青い鳥を求めて転職を重ねる

若い人びとを惑わすのは、労働力の流動化という経営側に都合のよい原理を、さも若者にとっても良いことであるかのように喧伝しているからだ。

正社員と非正規社員の待遇に差のない社会にするために、また一人ひとりが自己実現に向けて転職しやすい社会にするために、というように耳ざわりの良い言葉を連ねながら、じつは経営者が安い労働力を確保しやすく、必要に応じて従業員をいつでも簡単に取り替えることができる仕組みにしようという方向に進んでいる。

同時に、「仕事で輝け」といったメッセージをあの手この手で流し続ける。どのような仕事をしていても、「自分が輝いている」などと実感できるものではない。人気タレントや成功しているファッションデザイナーなどは、いま自分は輝いていると感じているかもしれないが、それでも時流に乗るまでは苦しい時期が続いただろうし、そこまでいけるのは同業者のごく一部にすぎない。

世の中の大部分の人は、「自分が輝く」などということとはまったく無縁の仕事生活を送っている。ゆえに、「仕事で輝かなければ」などと思えば、いまの仕事に満足できなくなる。そして、「きっとどこかに自分が輝ける仕事があるはず」といった思いに駆られ、転職することになる。

だが、転職したところで、「自分が輝いている」と実感できる仕事など滅多にあるものではない。そこで、転職を重ねることになる。

これは、個人の心理に焦点づければ「青い鳥症候群」ということになるが、労働環境という点からみれば、安い労働力の確保のために労働力の流動化を促していると言えるだろう。

なぜ身近な世界の幸せを否定するのか

そうした風潮に踊らされる若者たちが見失っているのが、身近な世界の幸せだ。かつて多くの日本の労働者は、働き蜂、エコノミックアニマル、モーレツ社員などと揶揄《やゆ》され、日本の復興のため、そして家族の生活を支えるために、私生活を犠牲にしてひたすら働き続けた。そのあげくに、働き盛りをすぎると、不在がちだった家庭には、すでに居場所はなく、粗大ゴミとか産業廃棄物などと言われ、ぞんざいな扱いを受けた。

そんな親世代をみて育った若者たちは、

「仕事だけの人生なんて虚しい」
「自分はもっと人間らしい生活がしたい」
「身近な世界を大切にして暮らしたい」

などと思い、私生活に重きを置きはじめた。

それが、団塊の世代の次にあたる世代である。私自身、出世などしたら組織のためのロボットになるだけで、自分の時間も自分らしい生活も奪われるので、絶対に出世などしたくないと思っていた。さらに、仕事は必死になってやるという意味では貢献しても、組織とは距離を置いた存在でありたいと思っていた。

ところが、いまの若者をみていると、キャリア教育で「好きなことを探しなさい」「好きな仕事を探しなさい」「仕事で自己実現しなさい」と刺激され、メディアを通しても「仕事で活躍しよう」「仕事で輝こう」といったメッセージに触れることが多いせいか、仕事が人生のすべてであるとの価値観が、いま再び広がりつつあるような気がしてならない。

このような教育もメディアのメッセージも、人手不足の解消とコスト削減の一石二鳥を狙う産業界と、それを後押ししつつ税収を増やしたい政府の思惑によるものであって、けっして一般の労働者のためではないということを肝に銘じておきたい。

内閣府が2017年に実施した国民生活に関する世論調査によれば、「どのような仕事が理想的だと思うか」という質問に対し、「自分にとって楽しい仕事」が60・1パーセント、「収入が安定している仕事」が59・7パーセントであり、この二つが突出していた。3位以下は、「自分の専門知識や能力がいかせる仕事」41・0パーセント、「健康を損なう心配がない仕事」32・6パーセント、「世の中のためになる仕事」29・2パーセント、「失業の心配がない仕事」23・9パーセント、「高い収入が得られる仕事」17・7パーセントとなっている。

収入も安定し、なおかつ楽しい仕事であれば申し分はないが、なかなかそのように都合よくいかないのが現実である。その意味では、人生の楽しさや喜びを味わうのは私生活に求めるといった発想も必要だろう。

何が何でも、仕事で楽しさや人生の輝きを味わわなければならないと思い込むことで、不満だらけで転職を重ねる人や、身体を壊すまで無理して仕事にのめり込む人が出てくるのである。

第3章　悪用される「内発的動機づけ」

まるで新興宗教団体のような会社

定時に帰れることがない上に、休日出勤までしょっちゅうさせられる。勤務時間があまりに長く、私生活がないどころか、疲れが取れず、慢性的な疲労状態となって――。たまらずに上司に疑問をぶつけると、

「いまは自己実現の時代です。政府も活躍社会と言ってるでしょう。家でのんびりする方が、そりゃ楽でしょうけど、そんなふうに楽をしていたら自己実現などできません。苦しさを乗り越えてこそ、その道が開かれていくのです。苦しいのはわかりますが、自己実現に向かって頑張りましょう。そして輝きましょう！」

などと言われる。

そう言われると、「疲れた」とか「休みたい」とか「私生活の時間がない」など、なんだかちっぽけなことのように感じられ、それ以上の文句は言いにくくなってしまう。

さらに、残業が多いだけでなく、残業代がちゃんと払われず、ほとんどサービス残業になっていることについて、上司に文句を言ったところ、

「おカネのために働くなんて、そんな虚しいことはありません。モノが溢れるいまの時代、人びとはモノやおカネよりも心の充足を求めるようになっているのです。それに、おカネのために働くと仕事が好きでなくなることが、心理学で証明されてるんです。おカネのためでなく、仕事が楽しい、そう思いたくないですか？　限界まで頑張って、やり遂げたという達成感を味わう。そんな感動を一緒に味わってみませんか？」

などと高揚した調子で言ってくる。

そんなふうに言われると、「たしかにカネのためだけに働くなんて虚しいかも」「やり遂げたっていう達成感を味わうのもいいな」と思えてくる。「これでいいのだろうか」といった疑問が浮かぶこともあるのだが、無理に自分を納得させて仕事を続けている。そのように語る人がいる。

似たような状況で、やはり、どうしても納得がいかないといって相談してきた人もいる。

重労働のわりに賃金があまりに低い。サービス残業ばかりで、どうにも納得がいかずに、周囲の人たちに不満をぶつけていると、それが上司の耳に入ったようで、個人的に呼び出されて、

「不満はわかります。でも、人間、カネのためばかりに仕事をするのは虚しいものです。金銭的には多少、不満はあっても、利用者の方々の助けになっていると実感できることが内的報酬になっているのです。『助かりました』『ありがとう』といった感謝の言葉をもらえると、どんな苦労も報われます。やりがいのある仕事ができるっていうのは幸せなことですよ」

と言われる始末……。

そのときは妙に納得してしまったのだが、後になって考え直してみると、うまく言いくるめられたような気がして、やっぱり納得がいかないという。

新入社員ほど、洗脳される

このように自己実現とか内的報酬といった心理学の理論をもち出し、不当な酷使に疑問や不満をもつ従業員を煙《けむ》に巻く経営者が増えている。

モノの時代から心の時代にシフトしたため、モノを満たすより心を満たすことが大切だと言われるようになり、心理学の重要性が増した。さらに、心理学を応用した行動経済学者がつぎつぎにノーベル経済学賞を受賞するなど、経済活動においても心理学が重要な役割を担うといった認識が広まってきている。

このような時代の空気感のせいで、ビジネスに活かすために心理学を学ぼうとする人が増えている。心理学が世の中に広まるのは、心理学者として喜ばしいことではあるのだが、どうもそれが、経営者たちに悪用されているきらいがあるのだ。

学生たちに自己実現や内的報酬の話をすると、

「バイト先の店長に言われたのは、これ！」

「やっぱり心理学の理論を悪用しているとしか思えない――」

などと言い出す。

具体的に聞き出すと、前項でみたような事例と同様に、

「カネのために働くだけなんて、虚しいと思わないか？　もっとやりがいを求めないと」

「どんなに疲れても、限界まで頑張ったときの達成感は何とも言えないものがある。それが働く喜びってものではないのかな？」

「お客様の笑顔はおカネには換えられない、貴重な心理的報酬です。多少、金銭報酬が少なくても、お客様の笑顔に触れると幸せな気分になります」

などと言ってくるというのだ。まさに心理学理論の悪用としか思えない。

心理学理論を吹き込まれ、不当に酷使されているのは、なにもアルバイトをする学生に限らない。

社会人となってまだ間もない新入社員は、不当な労働条件で酷使され、

「これはおかしい」

「こんな待遇ではやってられない」

と思うようなことがあっても、仕事経験が乏しいため、自分のなかにはっきりとした基準がなく、また早く仕事に馴染んで認められたいという思いも強いため、労働条件に文句を言うよりも、早く慣れて適応したいと思い、つい無理をする。「もう限界だ」と感じても、前述のようなことを言われると、うまく洗脳され、「待遇などを気にせずにやりがいを追求しなければ――」といった思いに駆られてしまう。

新入社員が過労により心身の不調に陥ったり、ときに過労死に至る背景として、そうした事情があると考えられる。

「自己実現」を悪用する経営者たち

こうしてみると、「仕事で自己実現しよう」というようなメッセージが世の中に溢れているのは、非常に危ういことだと言わざるを得ない。そこには、労働力を安く手に入れたいという経営者側・企業側による巧妙な仕掛けが仕込まれている可能性がある。

実際、自己実現とかやりがいを強調する企業には、労働に見合う賃金を払わず、サービス残業を強いるようなところが多いという指摘もある。

従業員を洗脳するような朝礼や研修がおこなわれ、「仕事を通して成長していこう」といったメッセージが注入される結果、低賃金やサービス残業といった劣悪な労働条件にもかかわらず、不満をもつ従業員は少ない。多くの従業員が活き活きと働いているといったケースもある。

ある20代の女性がITベンチャー企業に転職した。毎日朝8時から夜11時半まで拘束され、洗脳されるような研修が1カ月続いた。その間は無給だったという。研修が終わった後も、サービス残業を毎日のように強いられた。

だが、「おカネのために働くのは奴隷で、それは違う」と思い込まされる研修を受けていたので、残業代はもちろん請求できなかった。そして、ついに3カ月後にうつ状態に陥り、休職に至ったという。

その女性から相談を受けたNPO法人POSSEの坂倉昇平は、この問題について、つぎのように述べている。

「これは明らかなブラック企業ですが、彼女は働いている間はブラック企業だとは感じていなかった。ポイントは、入社前に持っていた価値観をはぎ取り、『働くのはお金のためではなく、お客さまや自分の成長のため』などの理屈を押し付けること。『働きがい』を掲げてサービス残業や滅私奉公を正当化し、従業員を使いつぶす。この会社ではまさにカルト教団のような『洗脳』がおこなわれていました」（AERA 2014年7月7日号）

介護施設の正社員だった40代の男性も、この手の洗脳を受けたという。会社から、数百ページの分厚い理念集を渡され、年に一度その内容を問うテストがあり、創業者のブログや社内報を読んで感想を提出するといった課題が、月に一度あった。強調されたのは、働くのは「お客さまのため」であり「自分の成長のため」だというメッセージだった。

職場でおカネのことを言うのは恥ずかしいといった雰囲気が漂い、その男性も、「限られた予算は利用者のために使うべきで、自分たちの残業代として使うべきではない」と、残業代の申請を躊躇したという。

こういったケースを踏まえて、坂倉は、

「『働きがい』を強調されるほど、会社側のおかしな理屈に気づけない。そして働き続けるうちに、心身がぼろぼろになってしまう人が増えています」(同誌)

と指摘する。

POSSEに持ち込まれる相談は、外食、IT、介護、保育などの業界で働く人からのものが目立つという。そうした業界では、都合よく「自己実現」や「やりがい」を強調することで、労働に見合った待遇を与えない、といったことが起こっている可能性が高い。

「脱社畜ブログ」を開設したことで有名になった日野瑛太郎も、

「報酬より働きがいを重視する人たちは、経営者にとって都合のいい存在です。本来、『働きがい』と『残業代』は両方手に入れられるものなのに」（同誌）

「労務を会社に提供しているのだから、対価として正当に給料をもらうべきなのに、『働きがい』こそが仕事の究極の目的で、『お金』はおまけとされる。労働条件の悪い企業ほど『働きがい』を前面に押し出して、仕事に見合わない安い給料で働かせようとします」（同誌）

と注意を喚起する。

日野は、その著書のなかで、やりがいに縛られている人たちに対して、つぎのように疑問を投げかけている。

「僕たちが会社のために働くことで、その対価としてもらうことが約束されているのは、基本的には『給料』だけです。

仕事を仕事たらしめているのは、結局のところ『労務を会社に提供すること』と、その対価として『給料をもらうこと』の2点です。

『やりがい』は、あくまでその2点を満たした上で、人によっては得ることができるという『おまけ』にすぎません。

そんな『おまけ』にすぎない『やりがい』のために、労働の正当な対価である『残業代』がもらえなかったり、『やりがいのある仕事だから』という理由で、全然仕事に見合わない安い給料で働かされたりするのは、おかしいのではないでしょうか」（『あ、「やりがい」とかいらないんで、とりあえず残業代ください。』東洋経済新報社）

「自己実現」の悪用を見抜く

「やりがいのある仕事」ということをやたら強調する企業は、警戒する必要があることがわかっていただけたであろう。

だが、成長志向の強い若者たちは、自己実現という言葉に魅力を感じており、そこを刺激されると弱いのもまた事実だ。

「勉強になるから」

「ここを我慢すれば大きく成長できる」

などと言われると、労働条件の劣悪さを棚上げして、つい頑張ってしまう。

高いノルマを掲げ、頑張って目標を達成しよう、困難な目標に向けて頑張り抜くことで潜在能力が引き出されて成長できる、それこそが自己実現への道だ――、などと説く経営者たち。

自己実現という言葉に魅力を感じる若い世代は、そのように言われると、疲れ切った身体や心を鞭打って仕事に邁進してしまう。

つい最近、相談に来た20代後半の女性も、

「毎日、残業が夜の11時過ぎまであり、寝不足でフラフラです。土日も仕事に駆り

出されることが多いし、休みのときも、会社の人から問い合わせがしょっちゅうで落ち着きません……。

先日、あまりに体調が悪いので、病院に行ったんですけど、病院にいるときも仕事の電話がかかりまくりで――。仕事は、やりがいはあるんですけど、ここまで忙しいと、身体がもたないっていうか、最近ちょっと気力がなくなった感じで……」

と、苦しい胸の内を明かした。

困難に直面して頑張り抜くことで潜在能力が発揮される、それが自己実現への道だ、という理屈はけっして間違ってはいない。だが、その困難度が限度を超えており、しかも、その目標が会社にとって都合よく設定されたものであることが問題なのである。

悪い待遇を我慢して売上げを伸ばしたり、利用者の利便性を考えてサービス残業をしたりすることで自己実現できると吹き込むのは、明らかに心理学理論を利用した洗脳といっても過言ではないだろう。

自己実現とは、人間としてより成熟していくこと、より大きな存在になっていくこと、より心豊かな生活をする人間になっていくことを指すものである。たとえば、生活のためにほどほどに仕事をしながら、アフターファイブや休日に趣味の世界に思い切り浸ることで、心豊かになっていくというのも、ひとつの自己実現への道と言える。

「自分、自分」と利己的にならずに、家族のために頑張ることで忍耐強く思いやりのある人間へと成熟していくのも、ひとつの自己実現への道と言える。

自己実現のあり方は人それぞれである、というのが、自己実現の心理学を提唱したマズローの見方である。

経営者による酷使に耐えて過酷な労働に邁進するのは、けっして自己実現への道などではない。それは単に搾取されているのであって、疲弊して心身を壊し、使い捨てにされているだけである。

内発的動機づけ・内的報酬とは

このような心理学を悪用した洗脳にさらされたとしても、自分を見失わないようにするために、心理学の理論についてきちんと知っておく必要がある。

ここでは、搾取する経営者が従業員に吹き込む際によく用いられる、内発的動機づけと内的報酬について、簡単に解説しておこう。

人間には、報酬や罰によって動かされる面があると同時に、外から与えられる報酬や罰がなくても、自ら動く面もある。そこで注目されるようになったのが、内発的動機づけである。

心理学者マレーは、探索行動や遊びのように、何ら外からの報酬がなくても、活動それ自体のために取られる行動に着目し、モチベーションを外発的動機づけと内発的動機づけに区別する必要があるとした。

ご褒美や給料のような人から与えられる報酬を外的報酬というが、外的報酬によってやる気にさせることを外発的動機づけという。一方、趣味や遊びに熱中するときのように活動そのものが目的となっているため、外的報酬なしでも自発的に行動する場合、そこに作用しているものを内発的動機づけという。

たとえば、ご褒美をもらおうと思って子どもが勉強する場合や、給料をもらうために仕事をする場合のように、外からの報酬を得るために行動するとき、それは外発的動機づけによる行動ということになる。

それに対して、子どもが遊んだり、大人が趣味を楽しんだり、家族で旅行にいったりする場合は、外からの報酬を得るための手段として行動しているのではなく、活動そのものが目的となっており、それは内発的動機づけによる行動ということになる。

実際、だれもが給料や昇進といった外的報酬のためだけに働いているわけではない。働くことで充実感が得られたり、チャレンジによるワクワク感があったり、達成感があったり、できないことができるようになってくることによる熟達感があったり、未知の世界が開かれてきて好奇心が満たされたりして、働くことそのものが喜びになっていることもある。

その場合、充実感やワクワク感、達成感、熟達感、好奇心の充足など、自分のなかから湧き出てくる報酬を内的報酬という。そこには内発的動機づけが働いている。


また、心理学者ディシは、内発的に動機づけられた行動とは、人がそれに従事することにより、自分自身を有能で自己決定的であると感じられるような行動であるとし、自己決定的であることを強調する。

外発的動機づけでは、動物ならエサ、人間ならお小遣いや給料など、外的報酬によって一定の行動をとるように仕向けられるのであり、その行動は自己決定によって起こされるのではなく、やらされているのである。

ご褒美をもらうためにある行動を取る場合も、罰を免れるためにある行動を取る場合も、自ら進んでおこなっているのではなくて、やらされているわけであり、自己決定がおこなわれていないという点が重要だというのである。

ディシたちは、どのパズルをやるかを本人に選ばせた場合と、このパズルをやるようにと割り当てられた場合の熱中度を比べ、自己決定をした場合の方が内発的に動機づけられる、つまりご褒美のような外的報酬がなくても熱心にパズルに取り組むことを確認している。

このように、自己決定というものが内発的動機づけの重要な構成要素となっている。

モチベーション・マネジメントとしては、給料・賞与、昇進、賞賛・表彰などといった外的報酬で、モチベーションを高めようというのが一般的である。

もちろん、人間にはこのような外的報酬によってやる気を刺激される面もあるのは事実だが、それだけでは十分とは言えない。

給料も昇進も賞賛も、経営陣や管理職の意向によって与えられるものであり、それを与えてもらうために頑張るとしたら、そこにはディシの重視する自己決定の感覚ではなく「させられ感」が強くなるため、外的報酬を得るために仕方なく頑張る、ということになりがちである。それでは仕事が楽しいということにはなりにくい。

仕事が楽しいと感じるためには、内発的動機づけを刺激するのが有効となる。

そこで、より効果的なモチベーション・マネジメントとしては、外的報酬である程度満足させつつ、熟達感、成長感、充実感、達成感、責任感、使命感、好奇心などが満たされるような工夫が必要となる。

その場合、従業員は、外的報酬をもらうために頑張っているわけではなく、仕事をすることそのものに何らかの魅力を感じているのであり、その行動は自己決定的なものと言える。

熟達感や成長感を感じさせるためには、以前にはできなかったことができるようになりつつあることに気づかせるような声かけを心がけるとともに、できることが増えてきていることを実感させるような仕組みをつくることが効果的である。

与える仕事の難易度を上げたり、仕事を任せたりすると、熟達や成長を実感させるし、責任感を刺激することにもなる。

ノルマを与えてチャレンジさせるのは、充実感や達成感にもつながる。仕事の社会的な使命を語り聞かせることで、使命感を刺激することができる。ある程度任せて創意工夫の余地を与えることで、責任感や好奇心を刺激することもできる――。

その際に、忘れてはならないのが、外的報酬も正当に与えつつ、それに加えて内的報酬まで実感できるような仕組みを構築することが必要だということである。内的報酬さえあれば、外的報酬は低くてもよいというのでは、不当な搾取と言わざるを得ないだろう。

高額な報酬は仕事をつまらなくさせる

不当な搾取をおこなう雇用主にとって都合のよいのが、高額な報酬の弊害に関する心理学的知見である。

外的報酬だけでは、モチベーション・マネジメントがうまくいかないことを端的に示す例として、高額な報酬の弊害がある。給料できちんと報いさえすれば、従業員はまじめに働くはず。そんな風に考える雇用主も多いだろう。

それは経済学の原理では常識かもしれないが、心理学の世界では、必ずしも妥当とはみなされない。むしろ給料で十分に報いることの弊害さえも指摘されている。

フェッファーは、高額の報酬の影響についての検討をおこなっている。高額の報酬によって、個人の内発的動機づけがどのような影響を受けるかについては、これまでにも多くの研究がおこなわれており、単に報酬が高額なだけでは内発的動機づけが減退し、創造性や斬新性を要求する業務においては、業績を下げかねないことがわかっている。

それらを踏まえて、フェッファーは、つぎの2点を指摘する。

第1に、高額な報酬を受け取っていると、

「こんなに高い金をもらわなければ働かないのだから、自分はこの仕事が好きではないのだ」

「こんなに稼いでいるのだから、自分はカネのためにこの仕事をしているのだ」

などと考えやすく、仕事に対するモチベーションが弱まりかねない。

第2に、高額な報酬を受け取っていると、

「カネだけでは操られないということを会社に示してやる」

などと考え、コントロールされているという感覚への反発から、仕事へのモチベーションが低下することになりかねない。

こうした問題は、高額な報酬が引き起こすだけではない。

そもそも給料のために働く、昇進のために頑張るといった外発的動機づけの意識が、仕事をつまらなくさせ、仕事へのモチベーションに悪影響を与えるということが考えられる。

それに関しては、ディシたちが多くの実験的研究をおこなっているので、つぎに紹介しよう。

アンダーマイニング効果とは

悪徳経営者が従業員を洗脳し酷使するために用いる、

「カネのためだけに仕事をするのは虚しいもの。そんな働き方をしていたら仕事がつまらなくなる――」

というようなセリフには、じつは心理学的な裏づけがある。だからこそ、心理学の正確な知識を身につけておく必要があるのだ。そうでないと都合よく洗脳され、酷使されてしまう恐れがある。

心理学者のディシやレッパーたちは、外発的動機づけが内発的動機づけに与える影響を検討する実験をしている。


ディシは、おもしろそうなパズルをたくさん用意して、パズルの好きな大学生に解かせるという実験を3日間にわたっておこなった。

その際、A・Bの2グループが設定された。

1日目は、両グループともただ好奇心のおもむくままに、いろいろなパズルを解く。2日目には、Aグループのみ、パズルが1つ解けるたびに金銭報酬が与えられた。Bグループは、前日同様、好奇心に任せてひたすら解くだけだった。そして、3日目は、両グループともただ好奇心のままに解くだけだった。

つまり、Bグループに割り振られた人は、3日間とも興味のあるパズルを解いて楽しんだわけだが、Aグループに割り振られた人は、2日目のみパズルを解けるたびにおカネをもらえるという経験をしたのだった。

3日間とも、合間に休憩時間を取り、実験者は8分間いなくなった。その間は何をしていてもよいと告げられた。この自由時間に自発的にパズルを解き続けるかどうかが、この実験のポイントだった。

その結果、Aグループのみ、3日目にパズル解きへの意欲の低下がみられた。この実験の参加者たちは、みんなパズルが好きで、パズルを解くことに喜びを感じていた。パズルを解くこと、そのものが目的だった。つまり、パズルを解くのは内発的に動機づけられた行動だったのである。

ところが、Aグループに割り振られた人の場合、パズルを解けたらおカネをもらえるという経験をすることによって、パズルを解くことが、おカネをもらうための手段となった。

こうしてパズルを解くことは、内発的に動機づけられた行動から外発的に動機づけられた行動へと変質してしまった。ゆえに、おカネがもらえないときには自発的にパズルを解くことが少なくなったのである。

レッパーたちは、日頃から絵を描くのが好きな幼児たちを選んで、お絵かきの実験をおこなった。

その際、子どもたちは3つのグループに分けられた。

第1の、「うまく描けたらご褒美をあげる」と言われたグループの子どもたちは、結果的に全員がご褒美をもらえた。第2の、ご褒美なしのグループの子どもたちは、「絵を描きましょうね」と言われて絵を描いて遊んだ。第3の、予期せぬご褒美グループの子どもたちは、ご褒美のことは言われずにただ「絵を描きましょうね」と言われて絵を描いて遊んだが、終わったところで思いがけずご褒美をもらえた。

このような実験をしてから7~14日後に、自由時間の行動を観察したところ、第1の、「うまく描けたらご褒美をあげる」と言われたグループの子どもたちは、他の2つのグループの子どもたちと比べて、お絵かきに費やす時間が明らかに少なかった。

それは、お絵かきがご褒美をもらうための手段となり、絵を描くということが、内発的に動機づけられた行動から、外発的に動機づけられた行動へと変質してしまったためである。

このように、もともと自発的におこなっていたことであっても、外的報酬を与えられ外発的に動機づけられることによって、内発的動機づけが機能しなくなる。「やらされている」といった感じになり、外的報酬が与えられないとやる気がしなくなってしまうのである。

これをアンダーマイニング効果という。

ただし、レッパーの実験から示唆されるのは、ご褒美という外的報酬をもらうことが問題なのではなく、ご褒美という外的報酬を意識することが問題だということだ。

結果的に予期せぬご褒美をもらっても、行動している際にご褒美を意識していなければ、「やらされている」といった感覚は生じず、内発的動機づけは低下しない。

これを実際のビジネスの場に当てはめると、仕事そのものに喜びややりがいを感じて働いていた人が、給料や昇進といった外的報酬を強く意識して働くようになることで、働くことが、内発的に動機づけられた行動から外発的に動機づけられた行動へと変質する。

つまり、仕事そのものに喜びややりがいを感じなくなり、「やらされている」といった感じになる。

その結果、給料が上がったり昇進したりすれば仕事へのモチベーションを維持できるが、そうした外的報酬で十分報われない場合には、仕事へのモチベーションが低下し、嫌々働くことになってしまうのだ。

「やりがい」のために低賃金で無理をさせられる

以上のような心理学理論をもち出して、もっともらしい講釈をし、低賃金や長時間労働、サービス残業に対する不満を封じようとする悪徳経営者が現にいるので注意が必要なのである。

チェーン店の「名ばかり店長」も、店長としてのやりがいと引き替えに過重労働に駆り立てられる。名前だけの管理職で、ほとんど何の権限もないのに、管理職ということで残業代もつかず、責任ばかりを押しつけられて過重労働を強いられるところに問題がある。

社会学者の阿部真大は、バイク便ライダーを取り上げ、「やりたいこと志向」が生み出すワーカホリック（仕事中毒）の問題について論じている。

そして、「やりたいこと」を仕事にし、それに没入していくことを「自己実現系ワーカホリック」と呼んでいる。

阿部は、自己実現系ワーカホリックは、それが安定した仕事と結びついたときはあまり大きな問題を引き起こさないが、不安定就業と結びついたときが問題だという。

「バイク便ライダーにしても、多くのライダーたちは、こんな仕事を長く続けるつもりはないと、はじめは腰掛けのつもりで始める。それくらいのリスク管理はできているのだ。しかし、**知らず知らずのうちに仕事にのめり込んでいく。**

そして、最初はなってはいけないと思っていたワーカホリックになっていく。

それが、『**やりたいこと**』**を仕事にすることの本当のこわさ**なのである」（『搾取される若者たち』集英社新書）

とくに、時給制ライダーでなく歩合制ライダーがはらむ問題について論じている。つまり、ライダーとしてのかっこよさの追求という趣味的な動機と歩合制による金銭的な動機が組み合わさって、歩合制ライダーは仕事へと駆り立てられていく。

阿部は、バイク便ライダーの他にも、自己実現系ワーカホリックになりがちな仕事の例として、トラック運転手、ケアワーカー、ＳＥ（システム・エンジニア）をあげている。

「**トラック運転手**……運送業に従事するバイク便ライダーの仲間として、まず真っ先に思い浮かぶのがトラック運転手であろう。業務請負が多く収入は不安定で、身体的にもバイク便ライダーに負けず劣らず危険である。いわゆる『デコトラ』で走るドライバーたちのトラックに対する愛情は、バイク便ライダーたちのバイクに対する思いと通じるものがある。

ケアワーカー……高齢者の介護の仕事をする彼らの生きがいはお年寄りとのコミュニケーション。事実、『人と話すのが大好きだ』と語るケアワーカーは多い。その反面、非常にきつい感情労働でもある。賃金は低く抑えられており（中略）、主婦とパラサイトシングルが主な担い手である。超高齢化社会のなかでますます増えそうな『自己実現系ワーカホリック』の温床である。

SE（システム・エンジニア）……年俸制であることの多いフリーのSEの世界。趣味を仕事にしているという点での熱いモティベーションはバイク便ライダーに通じるものがある。また、『三五歳で定年』と言われるその仕事のきつさと不安定性も、ホワイトカラーとブルーカラーの差こそあれ、バイク便ライダーに非常に近い」（同書）

このように阿部は、好きなことを仕事にすることの危うさ、それがともすると「自己実現系ワーカホリック」につながる危険性を指摘している。

阿部の指摘をヒントに、「やりがいの搾取」という論考をまとめた社会学者本田由紀は、若い人たちが、いろいろなまやかしのやりがいによって、低賃金労働であるにもかかわらず、それを受け入れるような状況に置かれていることを指摘している。

もともと日本人は働き過ぎと言われてきたが、これまでとは異なる新種の働き過ぎの問題が出てきていることは見逃せない。

それが阿部の言う「自己実現系ワーカホリック」であり、本田の言う「やりがいの搾取」なのである。

「自己実現系ワーカホリック」が生み出されるからくり

阿部は、バイク便ライダーという職種に従事するバイク好きの若者を対象とした研究において、自己実現を構成するおもな要素として、「好きなこと」＝趣味を仕事に持ち込むことを指摘し、それが搾取につながっていることを強調する。

本田は、自己実現系ワーカホリックを成立させる要素として、阿部のあげる、①

趣味性の他に、②ゲーム性、③奉仕性、④サークル性・カルト性の3つがあるとし、4つの要素の存在を指摘している。

②のゲーム性とは、阿部のバイク便ライダーのなかにも見いだされる要素であるが、仕事に裁量性や自律性の高さがあり、うまく工夫すれば売上げや収入を上げることができるという、一種のゲームのようなシステムのことである。

そのようなシステムに組み込まれると、あたかもゲームに夢中になるように、仕事に没入していく——。

これに該当するものとして、本田は、帝京大学の居郷至伸によるコンビニ店長・副店長を対象としたフィールド調査の事例をあげている。

その調査対象となった2人の若者は、元々アルバイトをしていたコンビニのオーナーが新店舗を出すにあたって、店長・副店長という役割を与えられた。

「彼らには、一定の廃棄ロスが出るリスクを踏まえながらも特定の売れ筋商品を多く仕入れるか否か、本部が売り込みに力を入れている特定商品をどれほど店頭にならべるか、雑誌の陳列方法をどうするか、アルバイトの勤務時間管理や働きぶりへの指示の出し方などについて、オーナーによる最終承認は求められつつも、かなりの裁量性が与えられている。

『絶対利益も伸ばしますし、きっちり売りあげも伸ばしながらやっていきますって意志はあります』という言葉にあらわれているように、彼らは自分たちの戦略や力量に自信をもち、それを達成するため、仕事に多大なエネルギーを投入している。居郷が調べた結果によれば、彼らのシフト表上の週当たり労働時間は、それぞれ七七時間と五五時間であり、超過勤務も含めれば、前者は月にして三二一時間も働いているという」(本田由紀『軋む社会——教育・仕事・若者の現在』河出文庫)

なぜそこまで働いてしまうのか。そこにあるのがゲーム性である。

自分の裁量で仕事のやり方を決め、収益を動かすことができる。やり方次第では、収益を大きく上げることができる。このような自営業的な就業形態に潜むゲーム性が、際限のない働き過ぎに追い込んでいるというわけだ。

③の奉仕性とは、ヘルパーや看護師、教員など、顧客に対面的なサービスを提供する対人援助職に典型的にみられる要素である。対人援助職の多くは専門職であり、高度なスキルや知識、職業倫理が求められる。そこには、顧客への最大限の奉仕という気高い動機自体が働き過ぎを生み出す要因となる、という落とし穴があるという。

「ヒューマンサービス職では、『顧客を思いやる心』や『顧客と誠実に関わろうとする姿勢』が、良質なサービスの提供に欠かせない。よって、自分の精力や時間の大半をそれに費やしてしまうというかたちでの『働きすぎ』が生じる場合がある」（同書）

その典型としてケアワーカーをあげている。ケアワーカーに関しても阿部がフィールドワークをおこなっており、本田もそれを紹介している。

「ケアの現場でケアワーカーに何よりも要請されるのは、クライアントとのコミュニケーション能力である。『ご利用者とごいっしょにそこにいて、ご利用者が居心地がいいと感じて下さること』が『一番の目標』とされ（ケア職場の経営者の発言）、ケアワーカーの採用の際には、まず人柄が重視される。ケアワーカーは、従来は主婦中心であったが、近年は若者が従事することが多くなっており、若者はこの仕事への熱意をもって参入してくるケースが多い」（同書）

「（前略）コミュニケーション能力を向上させるためには、ケアワーカーは『相手のことを知って、自分のことも知ってもらう。長いあいだ、一緒にいるのがいい』といったかたちで、ひたすら長い時間、利用者とともにすごすことになる。その結果、若いケアワーカーは、主婦パートがついていけないほどの懸命

さで、長時間労働に従事することになっていると阿部は述べている」(同書)

このように、とくに対人援助職で強調されがちな奉仕性が、働き過ぎを助長する要因となっている。利用者のためにひたすら尽くすことによる過重労働が、やりがいに転化され、本人によって受け入れられてしまうのである。

④のサークル性・カルト性とは、仕事の意義について、しばしば疑似宗教的な意味づけがなされることを指す。ときに身体的な動作なども用いながら高揚した雰囲気が醸し出され、そうした雰囲気のなかで従業員が仕事にのめり込んでいくといったシステムのことである。

これは、飲食店などの接客アルバイト労働に典型的にみられる。本田は、居酒屋チェーンの事例を紹介している。

ある居酒屋チェーンは、代表取締役を『師範』、教育・研修を『修行』、採用を『入門』と呼び、各店舗には『師範』が書いた「相田みつを風」の色紙が飾られており、そこには『夢は必ず叶う』、『最高の出会いに心から感謝』、『おかあさんおとうさん、生んでくれてありがとう』、『共に学び、共に成長し、共に勝つ』などと書かれているという。

そして、ホームページには『師範からの手紙』が掲載されているが、本田は、それをみると雰囲気がよく伝わるという理由で、つぎのように引用している。

「〈前略〉私自身も、なんで『〇〇』（引用者注：居酒屋名）という会社をつくったのか、どんな会社にしたくてつくったのか、ということを、ここ一カ月ほど、真剣に考えていました。で、どうしてもこんな会社に『したい』『していく』『する』が、五つあります。

(1) みんなの夢が叶う会社……より多くの人に『夢』を与えていくためにも、みんなが自分で夢をつかみ取る。一人ひとりが、夢を叶えていくことで、より夢を与える存在となっていく。〈中略〉そんな、みんなの最高の夢が叶う、夢を叶えまくっちゃう、日本一夢の叶う、伝説の会社にしたい。していく。する。

（2）親孝行を大切にする会社……『生んでくれてありがとう。』もちろん、この言葉を強制ではなく、心から言ってほしい。ありがとうの原点は、全ての原点は、この『生んでくれた親への感謝』だと、めちゃくちゃ思います。親への感謝なくして、成功はありえない！〈中略〉そんな親孝行を大切にしていく会社に、みんなでどうしてもしていきたい。していく。する。
（3）最高に成長できる会社……一人ひとりが自分の可能性に気づき、その可能性を最大限に引きだせる環境にしていく。人としての魅力がおもいっきり身につき、人間的に魅力のある、最高のリーダーになってほしい。〈中略〉日本一、人として最高に成長できる会社にしていくこと。
（4）使命感、志のある会社……坂本竜馬や西郷隆盛、吉田松陰のように、志をもったためちゃくちゃかっこいい真のリーダーが育っていく会社にしたい。日本の未来のために、使命感をもった、熱いリーダーたちと、これからの時代を動かしていく、そんな会社にしたい。もっと、もっと、日本中を最高に熱くしたい。

（5）誇りのもてる会社……もっと、もっと、日本中に○○を知ってもらいたい。もっと、もっと、最高にプラスの影響を、夢を与えていきたい。〈中略〉そして、みんなが、誇りに思える会社にしていきたい。していく。する」（同書）

この居酒屋では、朝礼が重視されており、朝礼の様子がDVD化され、販売されているという。その朝礼も、洗脳的なアプローチの一環としての意味があるのではないか。その店のスタッフの離職率は非常に低いそうだ。料理長兼副社長は、

「うちはお金を稼ぐことが出来ないバイトです。でも夢を持つことの重要性を感じ、自分自身が成長したことを感じることが出来ます」（同書）

と述べている。

このように、疑似宗教的な一体感に取り込まれ、サークル的なノリのなかで、自分の「夢」や「成長」をめざし、「みんなで成長しよう」「世の中に貢献しよう」と

熱くなって、過重労働に駆り立てられていくのである。

ほんとうに「好きなこと」でも、搾取につながる

やりがいを感じさせることによって、過重労働を受容するように導く巧妙な仕組みについてみてきた。だが、ほんとうに「好きなこと」を仕事にし、実際にやりがいがあっても、それによって低賃金で長時間労働を強いられるという意味において、搾取されるということが、あらゆる領域でおこなわれている。

アーティストの藤井光と、若いアーティストたちの労働現場の聴き取り調査をしてきた吉澤弥生は、アーティストの労働問題についての対談のなかで、好きなことをしているということが低賃金・長時間労働につながっていることを指摘している。

吉澤は、つぎのように述べている。

「ここ20～30年で芸術祭をはじめ地域振興や社会包摂を目的としたアートが増え、まちに出て制作をするアーティストや彼らを支えるアートマネージャーた

ちが登場しました。私自身も現場のいち労働者だったことがあります。その時『自分たちはなぜこんな低賃金で、長時間働いてしまうのか』と思ったんです」（「やりがい搾取？・藤井光×吉澤弥生がアーティストの労働問題を語る」CINRA.NET　2017.12.12）

吉澤は、アートマネージャーを中心に労働環境などに関する聴き取り調査をするなかで、「好きでやっているからいいんだ、私の上にいるディレクターも低賃金だから文句は言えない、といった声があがってきた」という。

さらに藤井は、みんなが参加したくなるようなクリエイティブな状況、つまり「やりがい」をいかにつくり出していくかを工夫する現場の問題を指摘している。アーティストは、生活に困窮しても、「好きなことやってるじゃん」と言われたりするという。結局、アーティストを使う側は、クリエイティブな状況を生み出し、「やりがい」を感じさせることで、金銭的に報われない労働に駆り立てているというわけだ。

吉澤は、これはアートの世界だけの話ではなく、フリーの編集者も研究者などの専門職も同じだという。

さまざまな専門職で高学歴ワーキングプアが生み出されているのは事実である。私が属している研究者や著述者の世界も、まさにそのような様相を呈している。

大学は、多くの科目を開講しなければならないため、専任教員だけではとてもカバーできず、多くの非常勤教員を雇っている。非常勤教員をやって暮らしている研究者は、30代や40代であっても年収１５０万～３００万円程度であるため、さまざまなアルバイトをしながら何とか生計を立てているのがふつうである。

研究者の場合、文献購入や学会出張・調査出張の旅費も自費で賄わなければならないことが多く、研究を続けながら非常勤で生計を立てていくのは非常に厳しい。

私の周りにもそのような研究者がたくさんいる。しかし世間からは、「好きなことをしているからいいじゃないか」というような目でみられる。

ここにも、「好きなこと」を仕事にしていることによって、搾取されるといった構図が浮かび上がるのだ。

キャリア教育という名の「好きなこと探し」

阿部は、このような「自己実現系ワーカホリック」について、従業員が自ら好きな仕事にのめり込んでいく側面を強調している。それに対して、本田は、働かせる側の要因を強調すべく、「〈やりがい〉の搾取」と呼ぶべきだという。

そして、企業は、安定雇用の保障や高賃金という代価なしに、労働者から高水準のエネルギー・能力・時間を動員したいという動機を強くもっていることを指摘する。

そのような企業にとって、「自己実現系ワーカホリック」は非常に便利な存在なのである。そこで、安定雇用や賃金などの即物的な対価以外の目的で働いてくれる「自己実現系ワーカホリック」たちは、企業による「〈やりがい〉の搾取」の好餌《こうじ》（格好のえじき）となっているとする。

さらに本田は、若者たちのなかに、こうした「〈やりがい〉の搾取」を受け入れてしまう素地が形成されているとし、「好きなこと」や「やりたいこと」を仕事にするのが望ましいという規範は、マスコミの喧伝や学校での進路指導を通じて、すでに若者のあいだに広く根づいているという。

ここ10年ほどで、学校の各段階でのキャリア教育が強化されてきたため、こうした傾向はさらに強まっている。大学教育に関しても、大学設置基準が改正され、２０１１年からすべての大学生がキャリア教育を受けることになった。

実際は、こうした動向を踏まえて、新たな設置基準公布の数年前から、多くの大学ではキャリア教育的なものがおこなわれるようになっている。

そうしたキャリア教育のなかで、「好きなこと探し」が盛んにおこなわれ、若者たちは、好きなことを仕事につなげるよう吹き込まれている。

私が、『「やりたい仕事」病』においてキャリア教育で盛んにおこなわれている「好きなこと探し」の弊害を指摘したのが、２０１２年のことであった。それ以降も、「好きなことを探し、そこからやりたい仕事をみつけよう」といったキャリア教育が相変わらず盛んにおこなわれている。

キャリア・デザイン教育に振り回される若者たち

キャリア教育のなかで、生徒も学生もキャリア・デザインをやらされるわけだが、その際に「好きなこと探し」を強いられる。だが、「好きなこと」がそのまま稼ぎにつながる仕事にならないことくらい、だれにでもわかる。

実際、キャリア・デザインをさせられている学生たちは、つぎのような疑問の声をあげている。

「『やりたいこと』も『できること』も考えれば考えるほど、わからなくなる」

「自分のやりたいことが自分の適性と合っているのかがわからず、困った」

「『やりたいこと』と『やれそうなこと』(『やりたい仕事』と『能力に合った仕事』)のバランスをどう考えたらよいかがわからず、適当になった」

「やりたいことをみつけたからといって、それが職になるとも思えず、私のキャリア・デザインは絵空事に終わった」……

こうした声には、キャリア・デザイン教育のなかで「やりたいことを、はっきりさせるように」「『やりたいこと』と『できること』をつなげよう」などと言われることへの矛盾が、如実にあらわれている。

そもそも「できること」が増えれば、「やりたいこと」も変わってくる。知識が増えることで「やりたいこと」が変わることもある。何らかのきっかけで興味が変われば、「やりたいこと」も変わる。このように「やりたいこと」というのはしょっちゅう変わる可能性がある。

しかも、それが遊びや趣味ではなく「やりたい仕事」ということになると、まだ社会に出ていない者にとっては、未知の世界の予測に基づいた選択なので、自信をもって判断することなど不可能だろう。そもそも「やりたいこと」があったとしても、それが果たして仕事に結びつくのかがよくわからない。

一方、「できること」といっても、「サッカーでドリブルがうまい」とか「カラオケが得意」というような話ではなく、「自分にできそうな仕事」という意味なので、どうにも現実的なイメージが湧かない。

そのようなよくわからない「やりたい仕事」と、よくわからない「できそうな仕事」を結びつけられそうな職業像を想定してキャリア・デザインをしなければならない。

これでは戸惑わない方がおかしい。そこで「私のキャリア・デザインは絵空事に終わった」といった印象をもつ者が出てくるわけだ。

つぎのような学生の声に真剣に耳を傾ける必要があるだろう。


「私は、やりたいこともないし、これをしたいという仕事もない。周りの人たちがこういう仕事がやりたいって、はっきり言っているのをみて、やりたいことがない自分はおかしいのかと思い、自信をなくしていました。こんなことでは就職なんてできるわけないと思って、落ち込みがちでした。

だけど、今日の授業でやりたい仕事がなくてもいいと聞いて、ちょっと安心しました。自信喪失から脱出できそうな気になれました」

「できることや経験が増えるとやりたいことが変わる、やりたいことや好きなことは頑張って探すものではなく、頑張った先に出てくるものなのではないか、っていう先生の言葉が心に響いた。

これまではやりたいことも好きなこともみつからず進路に悩んでいたが、そんなことにとらわれずに動いてみようと思った」

「やりたいことがみつからないなら、無理に探そうとしなくてもよいのではないか、という先生の言葉には、とても感動しました。

いま、まさに、自分はやりたいことをいくら探してもみつからない状態で、とても不安でした。でも、先生の言葉を聞いて、無理に探そうとせずに、いろんな経験をしていけばいいんだと思えて、気持ちが楽になりました」

これほどまでに若者たちは「好きなこと探し」の教育に振り回され、苦しめられているのである。

キャリア・デザイン教育の滑稽さ

キャリア・デザイン教育では、3年後、7年後、10年後、20年後、30年後など、時期を区切って自分の将来のキャリア像をデザインするように言われたりする。

だが、私が大学生200名あまりを対象におこなった調査では、「10年前どころか5年前でさえ、いまの自分を予想していなかった」という学生が61パーセントもいて、「予想していた」という学生の22パーセントを大きく上回った。

キャリアのカオス理論も強調するように、キャリア形成にはさまざまな偶然の要因が影響するため、将来の自分のキャリア像など、なかなか想像がつかない。無理やり想像したとしても、その通りになることなどほとんどない。

実際、キャリア・デザイン教育において、10年後の自分のキャリアをデザインさせられた学生たちからも、

「こんな会社で、こんな仕事をしていたいと書いたものの、実際に仕事をしている姿を想像できず、意味がないと思った」

といった疑問の声も上がっている。

こうなっていたい、という将来のキャリア像を想定し、そこから逆算して、いまから準備しておくことを考えるようになどと言われると、あたかも合理的なように聞こえる。だが、キャリアを規定する諸条件は常に変動するし、予測式に想定外の変数がつぎつぎに投入されてくることを考えると、何のためのキャリア・デザインなのかといった疑問が出てくるのも、もっともなことといえる。

「やりたい仕事、生きたい道が、ひとつじゃないので絞れなくて困ってしまい、とりあえず仮に、ひとつをもとにデザインしたけど、ホンネとは離れたデザインになっていると思う」

「キャリア・デザインをするには、仕事や目標を1つや2つに絞って考えなければならず、それによって将来の可能性を狭めてしまう気がした」……

いまのうちから、将来の展望を固定的に考えて、そこから逆算していますべきことを決めるのは、他の可能性に対する準備をしないということにもなる。自分の可能性を狭めてしまうのではないか、といった疑問の声がある。まさにその通りである。

結局、キャリア・デザインをする際に、何となく感じる抵抗感について思いを巡らしているうちに、こんなことをしていても意味がないんじゃないか、といった思いを強めることになる。

「どこの会社でどんな職種になるかで、そこから先のプランがすべて変わってくるので、先のことをデザインするなんて意味がないと感じた」

「採用面接で、キャリア・デザインのことをよく訊かれ、それっぽいことを答えているが、実際は、考えれば考えるほどわからなくなってくる」

私が大学生を対象におこなった調査では、キャリア・デザインが1年生のときから4年間にわたって、教育課程に組み込まれているため、

「キャリア・デザインは、仕事をするのに必要だと思う」

という者が74パーセントにものぼるが、

「キャリア・デザインをすることに意味があるのか、と疑問に思ったことがある」

という者も46パーセントとなっている。

つまり、キャリア・デザイン教育の徹底のせいか、キャリア・デザインは必要であると多くの学生が漠然と思っているにもかかわらず、約半数の学生は、じつは密《ひそ》かにキャリア・デザインに対する疑問も感じているのである。

もう少し具体的にみていくと、

「実際に就職したら、キャリア・デザインは変更することになると思う」

という者が70パーセント、

「将来、自分が想像しなかったできごとに、必ずぶつかると思う」

という者が89パーセントとなっており、大半の学生が、いまおこなっているキャリア・デザインは、就職後には通用しないと漠然とながらも感じている。したがって、

「キャリア・デザインは、まじめに考えるほど、わからなくなる」

という者が70パーセントにもなるのである。

「好きなこと探し」「やりたいこと探し」を軸に、将来の自分のキャリアをデザインさせる教育が、いかに若者たちを混乱させているかがわかるだろう。

「やりたいことが、みつからない」

キャリア・デザインをしようとしても、やりたいことがみつからない。そんな声をしばしば耳にする。

実際、私が就活中の学生に調査をおこなった結果をみても、やりたいことがみつからないといって悩んだり、焦ったりしている人たちが少なくない。

「自分の好きなことがまだみつからないので、もっと真剣に自分探しをして、好きなことをみつけたいと思います」

「私は、前からそうでしたけど、好きなことがなくて、こんなんだとちゃんとした就職っていうか、納得のいく就職ができないと思うので、何とか頑張って自分の好きなことをみつけなくちゃと思っています」

このようなことを言われるたびに、違和感がある。好きなことというのは、わざわざ努力して探すようなものではないはずだ。

無理に探さなければならないようなものは、けっして「好きなこと」とは言えない。わざわざ探さなければならないくらいなら、「好きなこと」で仕事になるようなもの、いわゆる「やりたい仕事」が自分の場合は「ない」と思うべきだろう。

「これをやりたくてたまらない」
「これをやっていると、時が経つのを忘れる」
「他にやらないといけないことがあっても、どうしてもこれをやってしまう」
「これで食べていけるかどうかわからないし、その可能性は低いかもしれないけど、趣味としてでも続けていくと思う」

「やりたいこと」というのは、そういうものを指すのであって、そのようなものがないなら、無理に探す必要はないのではないか。無理やり探したところで、それがほんとうに「やりたいこと」なのかどうか、じつに怪しいものである。

仮に、相当に好きで「やりたいこと」があったとしても、それが仕事になるかどうかもわからない。結局、「やりたいこと」を無理してみつけたところで、仕事探しという点では、何の解決にもならない。

このようなキャリア・デザインに巻き込まれすぎるのは危険である。キャリア・デザインにとらわれるあまり、路頭に迷う若者たちが後を絶たない。

「やりたいことがわからない」
「自分が何に向いているかがわからない」
「まだ、やりたいことがみつからない」……

だから、ちゃんとしたキャリア・デザインができない。もっと見極める必要がある。いま、このよくわからない状態のまま、就くべき職業や就職する会社を決断する勇気がない。ゆえに動けない。進路を決められない。業種や会社を絞れない。とりあえず卒業延期＝留年をしてきちんと見極めたい。あるいは、とりあえずフリーターをしながらじっくり考えていきたい。そんな動きになりがちである。

就職してからも、キャリア・デザインによる弊害が出ている。

「こんなはずじゃなかった」

「これは自分が思い描いていたのとちょっと違う」

「これは自分がやりたかったことじゃない」

などといった不満が出てきて、やる気がなくなってくる。

結局のところ、何が何でも「やりたいこと」「好きなこと」を仕事に結びつけなければならない、といった発想そのものに無理があるのだ。


以上のような視点から、『「やりたい仕事」病』で、キャリア・デザインに疑問を呈し、「好きなこと探し」の弊害を指摘した。さらに、そこから抜け出す道も示したのだが、未だに「好きなこと探し」を軸としたキャリア・デザイン教育が盛んにおこなわれているのである。


その影響もあって、就職している若手と話しても、

「いまの仕事は、ほんとうにやりたかったことと違う」

「もっと好きなことをして暮らしたい」

といって転職を考える者が非常に多い。

好きなことをして、楽しく暮らすのは大事なことである。だが、それを何が何でも仕事に結びつけないといけない、といった発想が、相変わらず強く刷り込まれているのを感じる。

それが就職後の不満にもつながるだけでなく、「やりがい」を感じさせることによる搾取にはまりやすい心理状態を生み出しているのではないだろうか。

第4章　「使命感」や「人間関係」に縛られやすい日本人

日本で過労死が多いのはなぜか

過重労働、そしてその極地としての過労死は、いまや深刻な社会問題となっている。そこで私は、『「おもてなし」という残酷社会』(平凡社新書)において、なぜ日本では過労死が多いのかについて、その文化心理学的な背景を説明した。

過労死は、そのまま「karoshi」というローマ字表記で英語の辞書にも載っているくらいなので、日本特有の現象と言ってよい。

他の国では、死ぬほどに働きすぎるようなことはあまりないのだろうが、日本ではともすると死ぬまで、あるいはその一歩手前まで働きすぎてしまう。

その背景にある日本特有の心理については、本書の第2章でも説明したように、欧米流の「自己中心の文化」と日本流の「間柄の文化」を対比させると理解しやすい。

「自己中心の文化」で自己形成した人たちは、自分の立場からものを言うのは当然と考えており、自分の思いや意見を堂々と主張する。

上司から仕事を命じられても、自分が給料と引き替えに引き受けている業務から、外れていると思えば、

「それは、私の仕事じゃありません」

と容易に断れる。

与えられている仕事がまだ終わらなくても、終業時間がきたら平気で帰る。

「まだできてないじゃないか！」

と言われても、

「私の勤務時間は終わりました」

と——。

相手が取引先であっても、無理な要求を突きつけられれば、

「それは無理です」

と即座に断れる。自分が引き受けないことによって「上司が困るだろう」「組織として困るだろう」「取引先が困るだろう」といった発想で動くようなことはなく、

あくまでも自分の都合で動く。

それに対して、「間柄の文化」で自己形成してきた私たち日本人は、自分の立場でものを考え行動するのではなく、常に相手の立場を思いやりながら行動する習性が身にしみついている。

そのため、たとえ給料の範囲を超える仕事であっても、

「それは自分の仕事じゃありません」

と断ることに心理的な抵抗がある。

勤務時間が終わっても、やりかけの仕事があれば途中で投げ出して帰るということはしにくい。

「会社にはお世話になっているし」

「上司にお世話になっているし」

「上司に迷惑はかけられない」

「みんなに迷惑をかけられない」

などと思い、つい余分な仕事も引き受けてしまう。

残業や休日出勤が続いて私生活が圧迫されても、自分の権利を主張することなく、

「みんなも頑張ってるんだし」

「やらないと部署の仕事が回っていかない」

などと思い、疲れた身体に鞭打って働き続ける。それがサービス残業などの過剰労働につながっていく。

取引先から無理難題を吹っかけられても、

「取引先には、日頃からお世話になっているし」

「これからも良い関係を維持していきたい」

などといった思いがあるため、無下《むげ》に断るということがしにくい。勤務時間後であっても、休日であっても、取引先からの電話を無視することはしにくい。

こんなふうだから、つい無理をしすぎることになる。ゆえに、ＣＳ（顧客満足）などという概念は日本にはいらないと、私は主張しているのである。

欧米のように、客だけでなく従業員も自分の都合を優先させて働く社会では、CSを強調することで、少しでも客の立場を尊重しながら動くように促すという効果が期待できる。

だが、日本の場合は、もともと客に対してはもちろんのこと、同僚や友だちに対してさえ相手の立場を思いやりながらかかわっているわけで、CSなどということを言い出したら、従業員は客の都合を過剰に意識するようになり、自分の身を守ることができなくなる。

欧米流の経営手法や人事評価のやり方は、「自己中心の文化」にふさわしく、従業員も自分中心に動くことを前提としている。ゆえに、「間柄の文化」である日本が、欧米流の経営手法や人事評価を導入するのであれば、CSなどというものを強調するのではなく、むしろ従業員の身を守ることができるような体制を確立する必要がある。

そうしたことについて、もう少し考えてみたい。

「期待に応えたい」というモチベーション

「間柄の文化」では、つい無理をして働きすぎてしまう。それは、極力相手の期待に応えたいと思うからである。

私たちには、自分の都合で動くよりも、相手の気持ちや立場に想像力を働かせて、相手の期待に応えるべく行動する、相手の期待をできるだけ裏切らないように行動するといった傾向がある。

その具体例は、前述したとおりであって、そこに働いているのが「期待に応えたい」というモチベーションである。

関係性が重視される日本社会では、働くモチベーションにも関係性が深くかかわっている。それは、すでに学校時代の学びに対するモチベーションにもあらわれている。

日本とアメリカの小学校5年生を対象とした、心理学者ハミルトンたちの成績や勉強に対する意識を比較した調査によれば、一生懸命に勉強をしたり、良い成績を取ろうとする理由には、日米で大きな違いがみられたのだ。

たとえば、「テストで良い成績を取ることが大切なのはどうしてか」という質問に対して、アメリカの子どもたちは、「自分の知識が増えるから」のように自分のためという理由をあげることが多かった。

それに対して、日本の子どもたちは、「お母さんが喜ぶから」「成績が悪いと先生に叱られるから」のように親や教師といった他人を意識した理由をあげることが多かった。このような親や先生を意識した反応は、アメリカの子どもたちの2倍以上となっていた。

アメリカの子どもたちが自分のために勉強を頑張るのに対して、日本の子どもたちは親や先生を喜ばせるため、あるいは親や先生を悲しませたり怒らせたりさせないために勉強を頑張るという傾向がみられたのだ。

しつけと教育に関する日米の比較研究を、長年にわたっておこなってきた心理学者東洋も、日本的な意欲は、周囲の人たち、とくに強い相互依存で結ばれた身近な人たちの期待を感じ取り、それを自分自身のなかに内面化したものが原動力となる傾向が顕著であると指摘している。

そして、中学や高校で受験勉強に励む生徒に、「なぜ希望の学校に入りたいのか」と尋ね、その理由を3つあげさせたら、大部分の生徒が親を喜ばせたい、親を満足させたいという理由をそのひとつにあげるだろうし、教師や母校への言及も含めれば、さらに多くなるだろうと述べている。

頑張る理由として、知識が増えて将来役に立つからというような自己中心的な理屈だけでなく、自分にとって重要な人物を思い浮かべ、その人を喜ばせたいからとか、期待を裏切りたくないからといった人間関係に起因する思いが重視される。頑張れないときや、成果が出ないときには「申し訳ない思い」に駆られる。いかにも日本的な特徴といえるだろう。

「だれかのために頑張る」ということは、勉強に限った話ではない。

仕事においても、いまでも広く機能しているように思われる。

大活躍をしたスポーツ選手がインタビューで、

「お世話になっている監督のためにも、絶対に優勝したかったんです」

「監督がこれで引退ということだったんで、今回は何としても勝ちたかった」

「ここまで頑張ってこられたのは、チームの仲間のお陰です」

などと口にするのは、いまでもしばしばみかける光景である。

職場でも、

「あの上司の期待を裏切りたくない」

「お世話になっている上司の足を引っ張りたくない」

「頑張っている仲間たちのためにも、失敗するわけにはいかない」

などといった思いを抱くのは、けっして珍しいことではないはずだ。


このように自己が個として閉じられていない日本人には、自分のためというより人のために、自分にとって大事な人のために頑張るという心理傾向がある。

そして、自分だけのために頑張るよりも、大事な人のために頑張るときの方が、はるかに大きな力が湧いてきたりする。

そのような意味で、私たち日本人にとっては、「期待に応えたい」という思いは非常に強力なモチベーションになり得るわけだが、それがともすると過剰労働に駆り立てる要因ともなるのである。

「強制」か「自発」かの区別がつかない……

キャリア教育で「好きなこと探し」「やりたいこと探し」をしきりにやらされるうちに、現実の仕事では、納得できない心がつくられてしまう。

本気で役者になりたい、画家になりたい、作家になりたい、などと思って行動に移している場合のように、「好きなこと」「やりたいこと」が単なる夢でなく具体化されつつあるようなケースでは、そのために労働条件の悪い仕事を我慢して続けながら、修行に費やす時間を確保するということがあるだろう。

だが、そのようなケースを除くと、労働条件の悪い仕事を我慢して続けなければならない理由はない。

それなのに、劣悪な条件でも仕事を続ける。しかも、そのような仕事にやりがいさえ感じている若者が多いというデータがある。

佐野正彦は、20歳の男女を5年間にわたって追跡調査した結果をもとに、非正規を含む多くの若者が、低賃金など劣悪な条件下におかれながらも、正社員並みに長時間にわたって働き、使い捨てともいうべき処遇や雇用環境にもかかわらず、仕事の満足度が高いだけでなく、モチベーションも高いことを明らかにしている。さらには、労働に対して深くコミットメントをもち、しかも、その仕事への傾倒が年々強まっている。

佐野たちの調査によれば、仕事へのモチベーションに影響する要因は、ふつうに考えれば切実かつ基本的な労働条件と思われる「労働時間」や「賃金」ではなく、「職場の人間関係の良好さ」「顧客に喜んでもらえること」「能力の向上」「裁量権があること」などであった。

佐藤博樹と小泉静子は、フリーターの職業生活についての研究において、とくに若年層では、人間関係への満足度が高いことを明らかにした（『不安定雇用という虚像――パート・フリーター・派遣の実像』勁草書房）。そして、仕事内容や給与の満足度が低いにもかかわらず、勤務先への満足度が高いのは、人間関係による部分が大きいのではないかとしている。

佐野たちの調査結果をみても、職場の人間関係が若者の仕事へのモチベーションやコミットメントにとって、大きな要因となっていることは明らかだが、「職場の人間関係の良好さ」が「労働時間」や「賃金」など労働条件の劣悪さを覆い隠す要因となっていることがうかがえる。

そうしたことを踏まえて、佐野は、つぎのように注意を喚起している。

「巷《ちまた》にあふれるパートやアルバイトの労務管理マニュアル本には、優秀な人材を採用し、戦力化、定着化を図ることを目的とし、『自己成長』や『夢や目的』『共感・共鳴』『感謝』という言葉が躍り、チームワークと一体感の醸成、上司が怠りなく相談・指導し、期待と責任を与える、職場の成果や顧客の満足をフィードバックし達成感を共有するなどの必要が説かれている。『自発的』に仕事にのめり込むことは、もはや、趣味を仕事とし、自己実現を目指すような一部若者の自然発生的な現象にとどまらず、より広範な企業が明確な意図をもって巧妙に仕掛けるモチベーションマネジメント戦略となっているのである」（佐野正彦「若年労働市場の格差と若者の包摂・統合」、乾彰夫・本田由紀・中村高康編『危機のなかの若者たち――教育とキャリアに関する5年間の追跡調査』東京大学出版会）

「いずれにしても、『やりがいの搾取』というような状況が、『強制』か『自発』かの区別がつかないような形で、若者をからめとって仕事への拘束性を強めていることが重要であり、それゆえに多くの若者の側では、報われない労働にも、『強いられた』ことを意識せず、『自発的』にのめり込んでしまう」（同書）

ごまかしの「職場の人間関係」

かつては職場の運動会があったり、社員旅行があったりして、職場の人間関係は非常に濃密で、疑似家族的なところがあった。

仕事帰りに上司や部下と、あるいは同じ部署の仲間と飲みに行くなど、アルコールを介したコミュニケーションも盛んにおこなわれていた。しかし、しだいに若い世代がドライになり、運動会も社員旅行もやらない職場が増えてきた。仕事帰りに職場の人間同士で飲みに行くということも少なくなった。

だが、そのようにドライになったと言われる近頃の若者でも、職場の人間関係を非常に重視していることは、就職の条件として職場の雰囲気が重視され、転職の動機としても職場の人間関係が重要な要因となっていることからも明らかである。

たとえば、2017年の新入社員を対象に三菱UFJリサーチ&コンサルティングが実施した意識調査をみても、「今の会社を選んだ基準」として、「雰囲気がよい」が47・4パーセントで1位となっており、「仕事のやりがいがある」(38・3パーセント)、「業績が安定している」(24・4パーセント)、「能力が活かせる」(18・0パーセント)をはるかに上回っている。

さらに、「会社に望むこと」として、「人間関係がよい」が圧倒的な1位となっている。もっとも望むものから順に3つを選んでもらい、1位を3点、2位を2点、3位を1点として集計している。その結果、「人間関係がよい」が2716点で、2位の「自分の能力の発揮・向上ができる」（1597点）、3位の「残業がない・休日が増える」（940点）、4位の「給料が増える」（779点）を大きく上回っている。

こうしたデータからも、職場の人間関係さえよければ、多少給料が低くても、仕事にあまりやりがいを感じられなくても、満足して働くことができるといった心理傾向がみえてくる。

日本能率協会が、20代〜60代のビジネスパーソンを対象に実施した意識調査をみても、「健康で働くために効果があると思うこと」としてもっとも多くの人があげたのは、「職場の人間関係を良好に保つこと」（38・9パーセント）であり、2位の「健康的な食事を選ぶこと」（29・6パーセント）、同率2位の「趣味を充実させること」よりも職場の人間関係が重視されていることがわかる。

女性の場合は、4割以上が「職場の人間関係を良好に保つこと」（43・9パーセント）をあげており、とくに女性が職場の人間関係を重視していることがわかる。

職場の人間関係を大切にするのはよいが、ともすると職場の人間関係が他の労働条件を覆い隠してしまい、職場の人間関係さえ良ければ、他の労働条件が悪くても文句を言わずに働くというようなことにもなりかねない。ごまかされないように注意が必要である。

お客さまに喜んでもらえれば……

近頃の学生は、飲食店などの接客業のアルバイトをしていることが多いせいか、モチベーションの話をしたりすると、

「お客さまの笑顔を引き出せると嬉しくてモチベーションが上がる」

「お客さまに満足してもらえるとモチベーションが上がる」

などと言う。

それは、たしかにそうだろう。お客に喜んでもらえれば、自分がしたことに意味を感じることができるし、それが仕事のやりがいにつながる。

ただ単にカネのためだといって仕方なく働いているより、自分の仕事が人の役に立っていると感じながら働いている方が、モチベーションを維持できるのは当然のことである。

しかし、そこにトリックが仕掛けられていることがあるのだ。

お客に喜んでもらえれば、モチベーションが上がるという心理メカニズムを利用し、従業員に対して、

「お客さまの笑顔を引き出せたときの喜びは、何にも代え難い」

「どうしたら、お客さまに満足していただけるかを考え、工夫していけば、単調な仕事にもやりがいを感じることができる」

などと吹き込み、低賃金でコキ使うというようなことも起こっている。

それは心理学的に誤っていないからこそ、だまされないように注意が必要なのだ。

佐野たちの調査データからも、そのような搾取の構図が透けてみえてくる。

佐野たちは、「職場の人間関係の良好さ」の他にも、「裁量権の実感」「客に喜ん

でもらえること」が、「やりがい」や「手抜きをしない働き方」につながっていることをデータで示している。

これらの要因は、けっして悪いことではない。「職場の人間関係の良好さ」「仕事の裁量権があること」「客に喜んでもらえること」――、これらは仕事に対するモチベーションを高める強力な心理的要因であることは間違いない。

だが、安い労働力を調達するために、そういった心理メカニズムを利用しているとしたら、それはゆゆしき問題である。

実際、佐野たちの調査データをみると、そういった心理メカニズムにつけ込んで、劣悪な労働条件でも「やりがい」を感じさせて従業員を酷使する、といったことが横行している疑いが浮上してくる。

教育系アルバイトや非正規教員の「やりがい搾取」

学習塾でアルバイトをしている学生から、待遇の悪さについて聞かされることがある。

時給2000円とか3000円とかいうと、とても条件が良いように聞こえる。だが、それは授業時間について支払われるだけで、授業の準備をする時間や、試験問題をつくったり採点したりする時間は、ただ働きなのだそうだ。さらに、生徒やその保護者への対応に費やす時間に対する手当もないという。

あまりに理不尽だが、生徒のためを思うと「ただ働き」だからといって準備や対応で手抜きをするわけにもいかない。

結局、どうにも割が合わないといって辞めた学生が何人もいる。

首都圏青年ユニオン委員長の神部紅も、教育系アルバイトの「やりがい搾取」について警鐘を鳴らしている。

神部によれば、塾講師や家庭教師は教育系の学生アルバイトの定番だが、その多くが「ブラックバイト」なのである。時給3000円以上というとても魅力的な求人案内。一見すると時給は高そうだが、授業の準備や待機時間、研修やミーティング、報告日報、保護者連絡、クレーム対応などに費やす労働時間も含めて換算すると、最低賃金を下回るケースがほとんどだという。

ある大手有名塾では、「本気でやる気を育てる/授業準備は命です」といったスローガンを掲げながらも、授業の準備時間に賃金はつかないという。

神部は、1コマ、1授業あたりに対して賃金が発生するといった発想なのだと言い、教育系アルバイトでは生徒への「愛」や「奉仕」が説かれ、「やりがい搾取」が常態化していると指摘する。しかし、これは学生の教育系アルバイトのみならず大学などの非正規教員にも、そのままあてはまる。

私の周りには、非常勤講師としていくつかの大学の授業を掛け持ちで引き受けることで、何とか生計を立てている人も多い。その場合も、賃金は授業のコマ数の分だけしか支払われない。

授業の準備に何時間も、ときに何十時間も費やし、授業が終わった後にも学生の質問に応じ、ときには教室からホールに場所を移して相談に乗ったりもする。試験問題の作成や採点だけでなく、授業時間ごとの小レポートの採点に、数十時間以上かかったとしても、それに対する賃金は一切発生しない。「ただ働き」になるからといって質問や相談にくる学生を追い払うわけにはいかない。無償で大量のレポートを読んで採点するのがバカらしいからといって、授業時間ごとの小レポートを廃止するのも教育効果からして、はばかられる――。

このように、非正規教員の場合、企業で言えばサービス残業や仕事の持ち帰りに相当する労働時間が、賃金発生の基準となる正規の労働時間の何倍にもなるのがふつうなのである。

また、大学教員としての職を手に入れ、また維持するには、それなりに研究をおこない、学会発表をしたり、論文を書いたりして成果を出していかなければならない。だが、それにかかる費用も、もちろんいっさい自腹となる。企業で言えば、勤務時間外に自費で研修に励むようなものであろう。

しかも、かなり以前から同一労働同一賃金を都合よく解釈したようなシステムになっている。何年も経て授業のやり方に熟練し、より効果的な授業ができるようになっても、同じ授業に従事している限りは、賃金が上がることはない。

まさに高学歴ワーキングプアと言わざるを得ない。

それでも働き続けるのは、教育が好きで、研究が好きだから――。好きなことをやっているのだから、金銭的に報われなくてもいいだろう。そういった発想が世の中に広まっている。このことも「やりがい搾取」を生みやすくしている要因と言える。

「子どものため」と無理をさせられる保育系職員

保育現場の労働の過酷さの現状については、拙著『「おもてなし」という残酷社会』（平凡社新書）において指摘したが、保育職員を過剰労働に追い込むのは、保育を単なる労働として割り切ることがしにくい雰囲気である。

モノを対象とする仕事と違って、子ども相手なだけに、子どものためなら時間や労力で犠牲を払っても心を尽くすべきだといった感覚が、多くの人びとの心のなかにある。

「子どもの楽しそうな笑顔をみていると、心が癒される」

といったような言葉が、保育職員の口から発せられることも珍しくない。「子どもたちのため」だと思うと、過重労働を強いられても、なかなか労働者の権利を主張しにくい——。

悪い経営者がそこにつけ込んで、「やりがい搾取」が横行する。

POSSEが受けた労働相談をみても、保育施設のブラック化が深刻になっていることがうかがえる。

好条件の求人をみて保育所に就職したが、日々の過酷な業務に追い込まれた女性は、形式的に休憩時間は設けられていたものの、実際にはいっさい休憩は取れなかったという。

休憩時間には、連絡帳や日誌を書いたり、掃除や日々の活動の準備をしたりと、ずっと仕事をしていた。徐々に残業も増え、それでも日々の仕事が回っていかないため、年間行事の内容を考える仕事や製作のための準備の仕事は持ち帰って、家でやらざるを得なかった。それらの仕事に対して残業代はいっさい出なかった。

そのような過酷な労働を強いられ、体調を崩すようになって、一年後に退職した。本人は当時のことをつぎのように述懐している。

「日々いろいろなものに追われて、心に余裕がありませんでした。子供はかわいいのですが、一歳児で言葉が通じないということもあいまって、悶々《もんもん》としたり、イライラしたりしてしまうことも毎日のようにありました。息抜きの時間が全くなかったので、自分の気持ちをリセットする時間がなかったのです。

子供たちにとっては、自由にのびのびと過ごすのが大事な時期なのに、私が子供たちの行動を制止してしまったり、怒ってしまったりして、成長のための時間を大切にしてあげられなかった。子供たちのために『良い保育』ができたとはとても思えません。いきなり担任を任されるとも思っていなくて、本当に余裕がないなかで働いていたとはいえ、子供たちに対しては本当に申し訳なく思っています」（ＰＯＳＳＥ　vol.33）

ここまで搾取されても、なお子どもたちに「申し訳ない」といった気持ちをもっているのである。

教育や保育の仕事現場では、「子どもたちのために尽力すべき」であり、「それがやりがいになる」といった暗黙の了解が共有されており、労働者が当然の権利を主張しにくい雰囲気があることがわかるだろう。

子どもたちの成長に貢献できることが、当然、やりがいにはなる。子どもたちのあどけない仕草や無邪気な笑顔に癒されるのも事実だ。問題なのは、悪い経営者がそこにつけ込み過剰労働を強いる、といった構図がみられることである。

「やりがい搾取」が横行する文化的な背景とは

このように、「子どもたちのため」「お客様のため」「取引先が困るだろうから」「上司に迷惑をかけられないから」「みんなも頑張っているのだから」などと、人間関係の要因、とくに人間関係に絡めた使命感をあおられることによって、「やりがい搾取」に駆り立てられるといった構図が際立ってくる。

そこには、「利己的になるのはみっともない」といった感受性や使命感を大事にする精神が深く関係しているように思われる。

利己的であることを嫌い、使命感を大事にする日本的な感覚については、拙著『「みっともない」と日本人』（日経プレミアシリーズ）で指摘したが、そこがまさに「間柄の文化」で自己形成してきた私たちの心理的な特徴と言える。

利己的であることを嫌い、使命感を大事にするからこそ、「自己中心の文化」で自己形成してきた欧米人のように利害に基づく自己主張がしにくいのである。

日本人のそうした感受性について指摘したのは、第二次世界大戦中に日本に勝つため、さらには戦後に日本を統治するために、日本人の研究を命じられた文化人類学者ルース・ベネディクトである。

ベネディクトの著書『菊と刀』は、日本でベストセラーになった。だが、その元となった「日本人の行動パターン」については、ほとんど知られていない。

これは、戦時情報局の発案によってベネディクトが作成した報告書のことである。

1945年5月に書きはじめられ、8月の原爆投下の直前に書き上げられたものだという。

戦時情報局では、1944年4月に極東部日本課のなかに小さな研究班を設置した。班の目的は、日本人の戦意はなぜこんなに高いのか、どこかに隙《すき》はないか、どのような心理作戦が有効かなど、日本の兵隊と日本国民の戦意をはかり、それを迎え撃つ方法を提案することだった。

そして戦争の終結がみえてくると、戦後の復興の準備に入り、1944年12月に日本文化のレポート作成の必要性が指摘され、戦時情報局に勤めていたベネディクトが担当することになった。

そのなかに、つぎのような記述がある。

「(前略) 日本人の規準によれば、自分本位の者は、どんなに『偽りなく』利潤を追求しているとしても、〝誠〟ではありえない (後略)」(R・ベネディクト福井七子訳『日本人の行動パターン』日本放送出版協会、以下同)

「日本の国会で、ある議員のことを『国会を侮辱している』と非難すれば、それは『誠がない』ととがめているのと同義であるといってよい。この議員が偽りのない信念を表明しているのか否か、という点は問題にされない。この非難に込められているのは、その議員が日本の規準どおりに国会に払うべき敬意を見せず、私利私欲のために行動しているということである」

「たとえば、〝誠〟のある人物は利己的ではない、というのは、日本では伝統的に営利の追求が非難されることを反映している」

「日本語の〝誠〟という言葉がこのような使い方をされているのだとすると、欧米諸国は『誠実』ではないという日本の外交官のお決まりの非難は、アメリカやイギリスが本心とは異なる行動をしていると責めるものではないことになる。またそれは、偽善的だと言っているのでもない。(中略)〝誠〟を欠いているという日本人の発言は、欧米諸国の目的は搾取である、もしくは、日本にしかるべき敬意を見せていない、ということを表している」

・日本では、自分本位の人物は、「偽りなく」利潤を追求しても誠意がないことになる。
・日本では、偽りのない信念を表明しても、私利私欲のための行動は非難される。
・日本では誠意がある人物は利己的でない。
・日本の外交官は、欧米諸国は誠意がないと非難するが、それはアメリカやイギリスが本心と異なる行動をしていると責めているのではなく、搾取することを責めているのである。

このような日本人の心理傾向に関するベネディクトの記述からは、逆にアメリカ文化に根づいた心理傾向が透けてみえてくる。

それは、自分の目的が「私利私欲」にまみれたものであっても、たとえ相手国から「搾取」するものであっても、それが自己の信念に貫かれたものであれば正当化されるということである。

そこには、利己的であることはみっともない、といった感受性はない。

そもそも「自己中心の文化」では、自分のために行動することが良くないことだといった発想はない。力ずくというのはみっともない、といった感受性もない。自分の目的を達成するためには力ずくというのもやむを得ない、といった感じがある。

自分の信念を貫けという文化と、相手の立場や相手がどのように思うかを配慮しろという文化の違いが、ここに如実にあらわれている。

さらにベネディクトは、日本人の倫理基準の特徴として倹約と責任感をあげ、また日本人は他国から尊敬されることを重視しているので、世界に対する脅威にはならないとしている。

「(前略) 日本の独善性には腹立たしいところがあるものの、それとて平時の世界で役に立たないわけではないし、日本の制度がたくみに植えつけている高い志は、東洋諸国で大いに必要とされるものである。倹約や所有の拒否といった日本人の道徳規範、そしてその責務に対する感覚は、どれをとっても世界に対する脅威にはならない。日本は他国から尊敬されることを重視しているので、真に平和な世界になれば、その状況に応じた方針を立てる可能性が大である。日本では基本的な倫理として、方法が変化してもその〝精神〟は変わらないと教えられている。その〝精神〟とは、責務を果たすことと他人の尊敬を得ることである」

そして、日本人の基本的な倫理は、責務を果たすことと他人の尊敬を得ることであるから、アメリカ人が日本を相手にする際にもっとも効果的なのは、責任感という日本人の強い徳に訴えることだとし、つぎのように論じた。

「アメリカ人が日本を相手にするさい、もっとも効果的なのは、〝セキニン〟（責任）感という日本人の強い徳に訴えることである。（中略）日本の習慣では、自分の行動が他人におよぼす影響を考慮して、事前にその影響を本人が自覚すると想定されているため、責任の所在は欧米より徹底しているのだが、これは国際関係においては短所ではなく、むしろ長所となる」

なぜ、「ビジネスライクにいきましょう」などと言うのか

こうしてみると、「間柄の文化」で自己形成してきた人間が、グローバル化の流れのなかで、カネ儲け主義や弱肉強食による搾取を良しとする「自己中心の文化」のやり方の餌食になっている構図が浮かび上がってくる。

たとえば、そのことを象徴的にあらわしているのが、ビジネスの交渉の場などでよく耳にする、「ビジネスライクにいきましょう」といったセリフである。

もともとビジネスの交渉の場なのに、なぜ、わざわざ「ビジネスライクにいきましょう」などと言う必要があるのか。

それは、「ビジネスライク」ということを改めて意識しないと、自然に「間柄の文化」の習性にしたがって、相手の立場や期待を配慮してしまうからである。そし

て、自分の利益ばかりを重視するのはみっともないといった感受性により、儲け主義の行動にブレーキがかかってしまい、ビジネスとして利害を第一に考えるような割り切った行動に出られないからであろう。

利害にこだわって、利己的な交渉をするのは見苦しいし、お互いに相手の立場や期待に配慮しつつ、気持ちよく取り決めをしていこう、というのが従来の日本流のやり方だった。

だがこれは、双方がそのような感受性で動いているからうまくいっていたのであって、相手が利己的な交渉に出てきた場合に、このような感受性で動いていたら、身を守ることができない。

雇用主側が「自己中心の文化」のやり方に染まってビジネスライクに動いているのに、従業員が従来の日本的な感受性で動いていると、雇用主に都合よく利用され、搾取されることになりかねない。

自分たちを支配している心理メカニズムに気づく

「間柄の文化」で自己形成してきた私たち日本人は、自分の利害に徹してビジネスライクに行動するという振る舞いができないのである。

そして、「人の役に立っている」「世の中のためになっている」と思うと、つい無理をして頑張ってしまう。使命感とかやりがいを意識すると、自分を犠牲にしてまでも頑張ってしまうのである。

このような、自分たちを動かしている心理メカニズムを知っておくことは重要である。

「カネのためだけに仕事をするなんて、あさましいし、なんだか淋しい」

「自分の利害ばかり主張するのは見苦しい」――

私たちは、そうした思いを抱えがちだ。そこで社会貢献など使命感を刺激されたりすると、

「やっぱり人の役に立ちたい」

「社会に貢献できる仕事はやりがいがある」

と思ってしまう。

それは立派な心構えだし、仕事をする際の張り合いにもつながるが、そうした心理につけ込む雇用主がいるからややこしいのである。使命感ややりがいを強調することで、金銭的に報われない不当な過重労働に駆り立てようとする。

それによって消耗させられ、結果的に使い捨てにされてしまうといった事態も生じているのは、これまでにみてきた通りである。

そのような、自分たちの仕事の世界を支配している心理メカニズムについても、しっかりと認識しておくことが必要である。

そうした心理メカニズムを踏まえていれば、不当に搾取されていることに気づくこともできるだろう。だが、無自覚でいるといつの間にか不当な搾取の対象にされてしまうのである。

日本型雇用は「使命感」に報いてくれたのだが……

もともとの日本型雇用は、従業員も雇用主も、お互いに相手側の事情を考慮し、それぞれに使命感をもって仕事に取り組んでいた。まさに「間柄の文化」にふさわしいものだった。

『下町ロケット』や『陸王』といった町工場を舞台としたテレビドラマが人気を博すのも、そこには、かつての日本的な職場の雰囲気が溢れているからだろう。

雇用主も従業員も儲け主義ではなく、納得できる良い仕事を誠実にやりたいといった思いを共有している。利益が出ずに苦しいときも、従業員は雇用主の懐具合や気持ちを配慮しつつ目の前の仕事に全力を尽くし、雇用主もそうした従業員の気持ちや働きぶりに報いなければと必死になって事業の方向性を模索する。

たとえ給料が世間並みに出なかったとしても、やりがいや気持ちの一体感があるから耐えられる。これは、雇用主の側にも、従業員の頑張りに報いようという思いが強くあるから許される構図なのである。

ところが、「自己中心の文化」のグローバル企業が押し寄せてきて、厳しい競争原理にさらされ、終身雇用や年功賃金といった日本型経営を維持する余裕がなくなり、長期的な展望をもって安心していられるような安定雇用を期待するのが難しくなってきた。

さらには、雇用主側が利潤追求のみを基準にした人事評価をおこなうようになった。かつては利益に直接結びつきにくい仕事などにも配慮しながら総合的な評価がなされたが、いまでは、利益を直接生み出していることを数字で示さないと、なかなか評価されなくなってきた。

本田も、従業員を取り巻く昨今の労働環境の問題点について、つぎのように指摘している。

「私には、日本では働かせ方に関して、雇う側のフリーハンドが大きすぎるとしか思えない。もっとも、九〇年代のある時点までは、そうしたフリーハンドは庇護《ひご》という恩典と表裏一体だった。雇用の保障や職業能力の伸長、報酬の伸び、その他さまざまな福利厚生が存在したからこそ、働く側は雇う側に対して、働き方や職種・勤務地の配属などの面では身をゆだねることもできた。

しかしいま、雇う側は庇護というやさしい顔をくるりと反転させ、鬼面をさらしながら従来以上のフリーハンドを行使するようになっている。働く側にとっては、見る影もなくやせ細った恩典をかろうじて得るために、かつてよりずっと大きな代償を払わなければならなくなっているのだ」（本田由紀『軋む社会——教育・仕事・若者の現在』河出文庫）

IT、介護、小売りなど、労働集約的なサービス業で急成長を遂げた企業の背景には、「大量採用・大量使い潰《つぶ》し」を織り込んだ労務管理のシステムがあったとするPOSSE代表の今野晴貴。彼も、日本型雇用の特徴は、終身雇用や年功賃金といった労働者の生活を長期にわたって安定させる仕組みとセットにして、企業の強い命令権が労働者から受容されていたとする。

「いわば、ブラック企業は『日本型雇用』への期待、日本社会に培《つちか》われた『信頼関係』を逆手に取っている。厳しい命令はそのままに、年功賃金や雇用保障といった『見返り』がないのがブラック企業の労務管理なのだ」（今野晴貴『ブラック企業2——「虐待型管理」の真相』文春新書）

「例えば単身赴任という言葉は日本では一般的なものである。遠隔地赴任は一週間前、一ヶ月前といった直前に配置が決定される場合も珍しくない。当然、単身で何年もの長期間暮らすことは心身ともに大きな負担である。だが、日本ではこうした一方的な命令を拒否することはできない。また、残業にしても同じである。（中略）残業命令に対して拒否することも極めて困難である。

だが、こうした厳しい指揮命令は、一方的に課せられてきたのではない。実は、労働者側が長期雇用と引き換えに、積極的に受け入れてきた側面もある」

（今野晴貴『ブラック企業――日本を食いつぶす妖怪』文春新書）


このように、正社員としての雇用の保障と年功賃金などの企業福祉に恵まれる分、無限の指揮命令を受容せざるを得なかった。だが、非正規社員は雇用保障がなく、賃金も低い代わりに、企業側からの命令には一定の制約がかけられていた。

『主婦のパート』はその代表格だ。『主婦』が『本業』である家庭責任を担うことができるように、労働時間は短く、変則的な業務命令も比較的抑制されていた。あるいは、出稼ぎ労働の場合にも、本業は農業にあり、期間限定での働き方という意味で、同じ構図であった」(同書)

ところが、現在の問題は、雇用保障と企業福祉を前提にして労働者側に受容されていた働き方が、それらなしに労働者に押しつけられているところにある。

さらに、雇用保障も企業福祉もない非正規社員が過酷な労働を強いられたり、ブラック企業によくあるように正社員までもが長期雇用の保障や手厚い企業福祉なしに過酷な労働を強いられたりしているのである。

津崎克彦も、ブラック企業について論じた今野晴貴による「ブラック企業＝日本型雇用の延長説」とでも呼びうるものの論点を、つぎのように紹介している。

「この仮説はブラック企業の特徴を労働者に対する『異常な命令』という点に

おいて捉え、その根源として、従来から労働者に『遠隔地赴任』や『残業』を強いてきた日本企業における『命令の権利』の強さの継続性を強調する。『命令の権利』は従来の日本型雇用においては『長期雇用』、『年功賃金』と引き換えに維持されてきたが、従来型労働組合の弱体化に伴って労働者側が企業から有利な条件を引き出すことが困難となり、『日本型雇用のいいとこどり』をしたブラック企業が拡大していったとする」（津崎克彦「「ブラック企業」問題とマネジメント　四天王寺大学紀要第63号）

かつての日本型経営においては、雇用が長く保障され（終身雇用）、まじめに働いていれば給料は徐々に上がっていき（年功賃金）、福利厚生も整っている、というように従業員は雇用主によって守られていた。だからこそ、人事異動を言い渡され、職種が変わったり、勤務地が変わって転居を余儀なくされたりしても、文句を言う立場にはなかった。

さらに言えば、低賃金で長時間労働を強いられるようなことがあっても、そうした守られた立場だからこそ我慢することができたのであった。

ところが、グローバル化の波のなかで、雇用も年功賃金も保障されなくなったからには、従業員がこれまでのような「間柄の文化」の心を無自覚のうちにもって働くことは、非常に危険なことと言わなければならない。

「ビジネスライク」になれないことの愚

京セラの創業者で、ＪＡＬを再建した稲盛和夫は、京セラを創業した頃、「京都一になろう」「日本一になろう」「世界一になろう」と、従業員たちを鼓舞して、何とか会社を軌道に乗せることができた。だが、そのうちに若手社員たちが反乱を起こしたことがあったという。

このことをきっかけに、稲盛は気づきを得た。

社員はこの会社に一生を託そうとしている。自分には、そうした社員の面倒を一生みていく義務がある。そもそも創業の目的は、自分の技術を世に問うことだったのだが、とんでもない重荷まで背負うことになってしまった。

そのように煩悶する日々が続いた揚げ句、踏ん切りをつけるべく、稲盛はつぎのように考えた。

「もし、自分の技術者としてのロマンを追うためだけに経営を進めれば、たとえ成功しても従業員を犠牲にして花を咲かせることになる。だが、会社には、もっと大切な目的があるはずだ。会社経営の最もベーシックな目的は、将来にわたって従業員やその家族の生活を守り、みんなの幸せを目指していくことでなければならない」(稲盛和夫『稲盛和夫のガキの自叙伝』日本経済新聞出版社)

このところの日本は、アメリカ式のグローバル化の流れに追随する動きをみせており、従業員の人生まで背負おうとする企業は、壊滅に追い込まれるような様相を呈している。

せっかく、うまく機能していた母性原理を組み込んだ日本式経営を捨てて、弱肉強食の父性原理に基づく搾取の経営に切り替えようとしている。

労働力の流動化を推進しようという動きがある。これは従業員を簡単に取り替え可能にすることによって、安い労働力を確保しやすくしたものと言える。

失われつつあるのは、終身雇用や年功賃金ばかりではない。同一労働同一賃金も、同じ労働をしている限り、何年、何十年経験を積んでも給料が上がらなくなることを意味している。

現に、先にも言及したように、大学の講師には、以前からすでに同一労働同一賃金が適用されている。私自身、５年前もいまも、授業をすることで得られる給料はまったく変わらない。どんなに熟練しても昇給はない。同じ仕事に従事している限り、その金額は、この先何年続けても上がることはない。それが同一労働同一賃金である。

ハーバード大学の教員や学生に取材をした佐藤智恵によれば、投資マネジメントの授業で、事例として取り上げられたアメリカの資産運用会社は、終身雇用に近い雇用形態をとっており、それが成功の一つになっていたという。

その授業を受けた日本人の学生は、日本にいると欧米が先進的なことをしているように思ってしまうが、じつは、伝統的な日本の企業文化の方が進んでいることもあるのではないか、と思うようになったと述べているそうだ。

また、ハーバード大学のラマンナ准教授は、欧米の企業は社員を人間として大切にする日本の企業文化から学ぶべきだと述べている。それが日本企業の成長の源泉になっていたとみなしているのだ。

「欧米では、社員をコモディティー、部品、スプレッドシートの数字としてしかみない企業もいます。社員を人間としてみないことが、果たしてよいことでしょうか」(佐藤智恵『ハーバードでいちばん人気の国・日本』PHP新書)

と問いかけ、日本は社員を大切にする企業文化をけっして失うべきではないという。

だが、すでに日本は、これまでの日本式経営を捨て、欧米式の経営手法を取り入れようとしている。

日本で欧米型を取り入れた企業経営者が、働く人をコマとしかみないということであれば、従業員も欧米の従業員のように、自己中心的に自分の権利を主張し、身を守っていくしかない。

いま、私たちがどのような搾取の構図のなかを生きているのか、そして私たちが無意識のうちに基準にしている心理メカニズムとは、どのようなものなのか――。

そういったことをしっかりと自覚する必要があるだろう。

第5章　人は仕事をするために生きているのではない

だれだって日々の仕事に意味を感じたい

仕事に「やりがい」を感じたいというのは、けっして悪いことではない。人間にとって一番きつくつらいのは、日々の生活に意味が感じられないことにある。無意味なことの繰り返しでは、気分が滅入ってしまうだろう。

日々の生活に意味を感じていたい。それはだれもが願うはずである。

実存分析を提唱した精神科医フランクルは、「人間は意味を求める存在」であると言う。

人間は性欲に動かされる存在だとして、「快楽への意志」を重視した精神分析学者フロイトや、人間は劣等感の克服をめざして自己形成する存在だとして、「権力への意志」を重視した個人心理学の創始者アドラーに対して、フランクルは「意味への意志」を重視した。

人間は自分の人生をできる限り意味で満たしたいという欲求をもち、それに基づいて、生きがいのある生活を手に入れようと格闘するのだという。

フランクルによれば、人間は本来「意味への意志」に基づいて行動するものであり、「快楽への意志」や「権力への意志」で動いている人たちは、「意味への意志」の挫折に苛まれているという。

つまり、日々の生活に意味が感じられず、その虚しさを紛らすために、快楽に耽《ふけ》ったり、権力の追求に駆り立てられたりするというのである。

「意味への意志」が満たされないことによる欲求不満が、性欲や権力欲に駆り立てられるような衝動的な生き方をもたらしているのであって、「意味への意志」が満たされればもっと落ちついた生活が手に入るというわけだ。

では、どうしたら日々の生活に意味を感じられるようになるのだろうか。

仕事生活に意味を感じられない

社会に出れば、仕事に当てなければいけない時間が大半を占める。それが意味で満たされているという人は、実際のところ結構少ないのではないか。

数値目標の達成や、効率化の追求に駆り立てられる日々を過ごしながら、ふと立

ち止まり、無意味感に襲われ、

「何のために、こんなことをしてるのだろう」

「こんな生活がいつまで続くのだろう」……

と思うと、無性に虚しくなる。そうした経験はだれにでもあるのではないか。

仕事中に、ふと虚しさに襲われる瞬間があるという人は、日々の仕事生活に意味を感じることができていないのだろう。繰り返され、果てしなく続く仕事生活に意味を感じられないほど虚しいことはない。

なかには充実した仕事生活を送っている人もいるだろうが、虚しさに直面するのを避けるために、ひたすら忙しく動き回っている人もいる。

ふと立ち止まった瞬間に虚しさに襲われる。それを怖れてひたすら動き続ける。心の底に無意味感がうごめいているため、立ち止まることができない。そうした行動パターンを取ってしまう。そんなワーカホリックもある。

そのようなタイプは、休日に楽しんだり、心から安らいだりできない。それは、仕事にやりがいを感じ充実しているというよりも、仕事にのめり込むことで自己意識を麻痺させようとしているのである。

いわば、虚しさを仕事で紛らしているのだ。病的に仕事に熱中したり、残業や休日出勤で職場に入り浸るのも、虚しさを感じている自分に直面するのを避けるためといえる。

そこでの問題は、現代人の多くが、何が何でも仕事に立派な意味を感じなければいけないといった、強迫的な思いを抱えていることだ。

芸術家として生計を立てている人や、子どもたちを育てることに情熱を燃やしている教育者などは、仕事に意味を感じ、充実した仕事生活を送っているかもしれない。しかし、多くの労働者は、生活のために仕事をしているのである。

そうであれば、仕事生活には収入を得るためという意味があるわけで、それでも十分なのではないだろうか。

ところが、それを否定するような形で心理学理論が利用されている。

外発的動機づけで仕事をするのは虚しいから、内発的動機づけで働くべきだというようなメッセージが世の中に広まっているのだ。

外発的動機づけで働くとは、外的報酬を得るため、つまり収入を得るため、あるいは評価され昇進するために仕事をすることである。内発的動機づけで働くとは、内的報酬を得るため、つまり仕事をすることそのものから充実感を得たり、自分の成長を感じたり、仕事をすることに使命を感じたりすることを指す。

第3章でアンダーマイニング効果についても解説したが、外的報酬を意識しすぎて働くと、仕事は外的報酬を得るための手段となってしまい、外的報酬がなくなれば、仕事へのやる気を失ってしまう。

たしかに、心理学の実験により、そうしたアンダーマイニング効果は証明されている。

だが、仕事を楽しめないといけないのだろうか。仕事はきつくて大変だが、生活の糧を得るために働いている。それでは、いけないのだろうか——。

いま一度、考えてみる必要がある。

なぜなら、外的報酬を軽視する姿勢が、カネのために働くなんて虚しい、仕事そのものから成長感、充実感、使命感を得ようなどといって、低賃金で過重労働を課す「やりがい搾取」につながっているからである。

モチベーション・マネジメントに騙されるな

従業員のモチベーションを高めることは、仕事の生産性を上げるためにも必要である。さらに、従業員が「意味への欲求」を満たして前向きな気持ちで過ごすためにも大切なことである。

では、どうしたらモチベーションが高まるのか――。

モチベーションを高める要因として、承認欲求の充足、成長感、達成感、良好な人間関係、使命感などをあげることができる。

そうした要因を考慮して、従業員が高いモチベーションをもって気持ちよく仕事ができるように職務設計や環境整備をするのが、モチベーション・マネジメントとして重要な課題となる。

２０１５年版の中小企業白書では、中小企業・小規模事業者の人材確保と育成に関する調査の一部を紹介している。

それによれば、「就職後3年以内に辞めた理由」の1位は、「人間関係（上司・経営者）への不満」（27・7パーセント）であり、2位の「業務内容への不満」（10・7パーセント）や3位の「給与への不満」（9・6パーセント）を大きく上回っていた。

人間関係が、従業員のモチベーションにとってきわめて重要な要因となることは、第4章で紹介した調査でも明らかであろう。それが「間柄の文化」を生きる私たち日本人の特徴とも言える。

実際、モチベーション・マネジメントとしては、従業員のモチベーションを高めるために積極的な声がけをしたり、成長感を意識させるような対話をしたりすることが推奨されている。給料や有給休暇などの待遇面の改善ばかりに目が向かいがちだが、人間関係を密にしたり成長の実感を与えたりすることを重視すべきだと言われているのである。

そのような試みによって、離職者が減ったという事例が紹介されたりもする。

人間関係を良好に保つことにより、職場を心地よい居場所と感じられるようにすること。自分の成長を実感できるように導くこと——。それによって、従業員のモチベーションが高まるのは事実である。

問題は、それを悪用する雇用主がいるということだ。

ブラック企業の問題を追及している新田龍は、かつて自分が在籍していたブラック企業には、驚くほどモチベーションが高い人が大勢いて、そのような人たちはハードワークでも薄給でも、やる気をもって仕事をしていたという。明らかに、仕事に意義を感じ（感じるように仕向けられ）ているのだろう。

本来、仕事に求めるものは人それぞれ

もちろん、仕事そのものに意味を感じたいという人がいてもよい。仕事で活躍したいという人もいるだろう。だが、だれもが仕事で活躍したいなどと思うわけではない。仕事に何を求めるか、それは人それぞれである。

将来にわたって安定した生活が保障されるような仕事に就きたいから、潰れないような安定した職業を選びたいという人がいる。

——自分が子どもの頃、親の勤めていた会社が倒産したせいで、貧しい暮らしに追い込まれ、進学も諦めなければならなかった。だから、倒産しないような安定性を求める気持ちが私は人一倍強い。仕事のやりがいとか高収入といった条件も、もちろん気にならないわけではないが、やはり会社が潰れてしまったらお終《しま》いだから、何と言っても安定性にこだわりたい——、そのように自己分析する。

一方で、仕事のやりがいに対するこだわりがとても強い人がいる。

——自分の力を十分発揮できる仕事、思い切りチャレンジしてると実感できるような仕事ができる会社で働きたい。そのためには、すでに仕事の流れが確立し、歯車のひとつにされそうな大企業よりも、これからの創意工夫の余地が大いに残されているベンチャー企業の方がいい。ベンチャー企業の場合は、失敗して潰れるリスクもあるし、不安がないと言ったら嘘になるけど、いまの時代、いざとなったらアルバイトで食いつなぐこともできるし、とりあえず仕事のやりがいにこだわった選択をしていきたい――、そのように自らの思いを語る。

仕事と私生活のバランスを気にする人もいる。

――仕事のやりがいとか収入の安定性も大切だとは思うけど、家族や友だちと過ごすプライベートな時間も私にとっては大切だし、仕事だけの人生にはしたくない。自分の親は仕事一途の人生を送り、毎日のように夜遅く帰り、休日も仕事やつきあいで家にいないことが多かった。お陰で、家族はそれなりの良い暮らしができたものの、あんな淋しい人生は送りたくない。プライベートも楽しめる、真に豊かな生活を送りたいから、残業とか休日といった勤務条件が何よりも気になる――、仕事に求めるものについてそのように説明する。

だれだって潰れそうな会社より、将来にわたって安定した会社に勤めたい。やりがいのある仕事をしたいという思いも、だれもが抱えているはずである。給料にしても、安いより高い方がいいに決まっている。残業ばかりで、家ではただ寝るだけといった生活を自ら望む人も少ないはずだ。

ただし、安定、やりがい、高収入、プライベートとの両立などといった条件をすべて十分に満たすような仕事をみつけることは、ほとんど不可能に近いのも事実であろう。

そこで大切なのが、自分のなかの優先順位をはっきりさせておくことだ。つまり、自分がどうしても譲れないのはどの条件か、多少譲歩する余地があるのはどの条件か、というように、自分のこだわりを明確にする必要がある。

自分は仕事にどのような価値の充足を求めているのか――、その優先順位を明確にしておけば、就職や転職の際の参考にもなるだろう。

仕事にどのような価値を求めているのか

仕事や職場に何を求めるかという価値観のことをワーク・バリューという。

自分が、どのようなワーク・バリューをもっているかを知るための手がかりとして、筆者が作成したワーク・バリュー・テストをやってみよう。

以下の各項目について、自分にあてはまる程度（1～5）に○をつけてみよう。

項目＼採点	あてはまらない	あまりあてはまらない	どちらともいえない	ややあてはまる	あてはまる
① 新しくてきれいなオフィスで働きたいという思いは強いほうだ	1	2	3	4	5
② 和気あいあいとした雰囲気の良い職場で働きたい	1	2	3	4	5
③ 上司とはかなり無理をしてでも、うまくやっていきたい	1	2	3	4	5
④ 自分の趣味やプライベートなつきあいのための時間は、しっかり確保したい	1	2	3	4	5
⑤ 潰れる危険の少ない安定した会社で働きたい	1	2	3	4	5
⑥ 高収入が得られる仕事に対する憧れは強いほうだ	1	2	3	4	5
⑦ 生活を楽しむことを考えると、休日がしっかり保証され、有給休暇のとりやすい職場にしたい	1	2	3	4	5

項目　採点	あてはまらない	あまりあてはまらない	どちらともいえない	ややあてはまる	あてはまる
⑧ 頑張った分だけ地位や報酬が上がらないと、やる気が出ない	1	2	3	4	5
⑨ みんなが知っているような一流企業で働きたい	1	2	3	4	5
⑩ 世の中の役に立っていると感じられる仕事に就きたい	1	2	3	4	5
⑪ 限界への挑戦をしていると感じられるような仕事をしたい	1	2	3	4	5
⑫ 建物とか部屋とか、職場の物理的条件にはあまりこだわらない	5	4	3	2	1
⑬ 職場の人間とあまりつきあうつもりはないから、職場の雰囲気はあまり関心がない	5	4	3	2	1
⑭ 相性の悪い上司のもとでも適当にやっていける	5	4	3	2	1
⑮ プライベートな時間を犠牲にしたくないので、残業の少ない職場がいい	1	2	3	4	5

	項目＼採点	あてはまらない	あまりあてはまらない	どちらともいえない	ややあてはまる	あてはまる
⑯	大企業、伝統のある会社で働きたい	1	2	3	4	5
⑰	ある程度の収入が保証されれば、収入にはあまりこだわらない	5	4	3	2	1
⑱	将来のために貯蓄できるように、社宅や住宅手当が充実している会社にこだわりたい	1	2	3	4	5
⑲	社内の人事評価にはあまり興味がない	5	4	3	2	1
⑳	人から羨ましがられるような仕事に就きたい	1	2	3	4	5
㉑	仕事のやりがいとかはあまり気にならない	5	4	3	2	1
㉒	厳しくても、自分の成長が感じられるような仕事をしたい	1	2	3	4	5

つぎの式に当てはめて、11の職業価値観得点を計算してみよう（〇で囲んだ数字が得点）。なお項目によっては、「あてはまらない」場合に得点が高くなる（その心

理傾向が強い）ものがある。

①＋⑫＝［　　］……職場の物理的環境得点
②＋⑬＝［　　］……職場の雰囲気得点
③＋⑭＝［　　］……上司との関係得点
④＋⑮＝［　　］……プライベートとの両立得点
⑤＋⑯＝［　　］……安定性得点
⑥＋⑰＝［　　］……高収入得点
⑦＋⑱＝［　　］……福利厚生得点
⑧＋⑲＝［　　］……人事評価得点
⑨＋⑳＝［　　］……仕事や職場の社会的評価得点
⑩＋㉑＝［　　］……仕事のやりがい得点
⑪＋㉒＝［　　］……成長の実感得点

それぞれ10点満点で、職業に求める11の価値の得点が出てくる。どれが高得点になっているかをみてみよう。高得点の順に、とくに自分が仕事に求めているものということになる。次に11項目のそれぞれの特徴と解説を加えておきたい。

① 職場の物理的環境

物理的環境の快適さにこだわるタイプは、古ぼけた外観で、外壁もそこらじゅう崩れたり剥がれたりしているオンボロ雑居ビルに通うと思うと、とても憂うつになる。また、それほど古くなくても、いかにもセンスの悪いインテリアに囲まれると気分が滅入って、モチベーションが上がらない。

周辺で目立っている高層ビルにオフィスがあるのが誇らしかったり、新しくてきれいなオフィスで働くのが快感だったり、おしゃれなデザインも嬉しかったりする。

物理的環境に対するこだわりのない人からすれば、問題は仕事の内容だったり待遇だったりするわけで、なんでそんなに職場の見栄えを気にするのかがわからない。それが価値観の違いである。

② 職場の雰囲気

働く人にとっての最大のストレス源は、職場の人間関係である。一方で、心を癒しストレスを軽減させてくれるのも人間関係である。職場の人間関係がピリピリしていてストレスがたまりやすい環境か、それとも温かい気持ちの交流があって心地よさに満ちているのか。それによって職場の雰囲気は180度違ったものになる。

平日の起きている時間のほとんどを職場で過ごすわけだから、職場の雰囲気は多くの人にとって無視できない要因と言える。とくに職場を自分にとっての重要な居場所にしているタイプは、職場の仲間との心の交流や一体感を求めるため、職場の雰囲気は重大な関心事となる。

一方、職場を心の居場所にせず、職場の人たちとの間に距離を置いている人にとっては、べつに心の交流を求めているわけではないので、職場の雰囲気などどうでもいいということになる。

③上司との関係

上司との関係は、仕事の任され方や評価のされ方に大いに影響し、それが仕事のやりがいや待遇面にまで影響するため、多くの人にとって深刻な関心事と言える。職場の人間関係にどっぷり浸かるつもりはないし、だれからどう思われようが関係ないとクールに構えている人でも、自分に影響力をもつ直属の上司との関係には繊細《デリケート》にならざるを得ない。ましてや組織のなかで、出世の階段を上っていくのを目標とするタイプにとっては、上司との関係づくりは最重要事項となる。

上司との間に良好な関係が築ければよいが、価値観や性格が合わない場合は、非常につらいものがある。何かにつけて温情で動く日本の風土からして、自分に好意的でない上司から、能力や成果を正当に評価してもらうことはなかなか期待しづらい。上司との間のぎくしゃくした関係は、転職動機の大きな要因ともなっている。

④プライベートとの両立

ワーク・ライフ・バランスが重要だと言われる時代になり、かつてのように家族生活を犠牲にして仕事人間として生きるというタイプは少なくなってきた。

仕事一途でやってきた親世代が、会社側の都合で一方的にリストラされるのをみてきた若い世代には、組織のために生きるといった考え方は希薄になっている。むしろ、一度きりの人生なのだから自分のやりたいことをして楽しまないと損だ、プライベートのない仕事だけの人生なんてつまらない、と考える人が増えている。

プライベートと一口に言っても、その過ごし方は非常に多様化している。

家族と出かけたり、一緒にくつろいだりするのを一番の楽しみとするタイプ。学生時代の友だちや職場の仲間と食事をしたり、飲みにいったり、ショッピングしたりするタイプ。旅行に出かけるのを何よりも楽しみにするタイプ。鉄道オタクや映画マニアのように一人で趣味の時間に浸るのを楽しみにするタイプ。おしゃれな喫茶店や美術館でゆったりと過ごす時間を大切にするタイプ。――

いずれにしても、仕事のためにプライベートを犠牲にするのが当然といった組織風土は納得がいかないという人たちも少なくない。

⑤安定性

仕事の本来の目的は生活の糧を得ることなので、生活が保証されるような安定した仕事を望む人が多いのは、当然のことだろう。

工業社会から情報化社会への移行により、元手がなくても、ほんの数人でも簡単に起業できる時代となり、無理に組織に所属しないで、独立する人も多くなった。その一方で、相変わらず公務員や大企業の人気も根強く、安定志向の人は未だに多数派を占めている。右肩上がりの経済成長も終わり、低成長時代になった今日、安定志向に回帰する雰囲気はあるものの、そもそも安定した会社が少なくなっている。

そのため、安定志向が強く、リスクを極力避けたいというタイプにとっては、手堅い職を得るのに苦労せざるを得ない時代となっている。

⑥高収入

同じ仕事をするなら、報酬の高い方がいい。それはだれもが思うことだろう。迷うのは、高収入にリスクが伴う場合である。

給料やボーナスは非常によい代わりに、いつ廃《すた》れるかわからない。歩合制で、成果を上げれば非常によい報酬となるが、成果が上がらなければ平均以下の報酬に甘んじなければならない。高収入なのは間違いないが、ちょっと世間体が悪い……。このようなケースでは、あくまでも高収入を狙うか、それともあまり高収入とは言えないが手堅く稼げる仕事を選ぶかで悩むことになる。

とくに贅沢に暮らすつもりもないし、平穏無事に暮らしていければよいというタイプにとっては、高収入を得るためにリスクを冒すといった発想は馴染まないだろう。

⑦福利厚生

社宅や住宅手当、保養所、スポーツ施設補助、有給休暇制度など、福利厚生の充実は、安心して働けるような環境を従業員に与えるものと言える。

安心して暮らすための保障を仕事に強く求めるタイプは、安定性とともに福利厚生の充実を求めるものである。その種の人は、居住環境や健康づくり、レクリエーションなど、仕事そのもの以外の面でも個人を応援してくれると思えば、仕事もやる気になれる。

仕事そのもののやりがいや、高収入にこだわるタイプにとっては、福利厚生のような補助的な要素は、どうでもよいものに思えるはずだ。

⑧人事評価

頑張ったら報われるという基本原則が機能することが、やる気を持続させるためには大事である。頑張ったのに評価されない、同僚より自分の方が業績がいいのに、向こうばかりが登用される。だれしも、そのような思いがあると、組織に対する不信感が強まるばかりで、モチベーションは上がらない。

とくに社内での昇進を目標にしていて、上から認められたいという気持ちが強いタイプの場合、人事評価に一喜一憂しがちだ。一方、社内での昇進には無関心で、帰属意識の薄いタイプの場合は、人事評価にはほとんど無関心でいられる。

ただし、人事評価システムが不透明で、上層部の好き嫌いで昇進や昇給が決まるとなると、多くの人はやる気をなくしてしまうだろう。

日本独特の年功序列制度も薄まりつつあるが、未だに折衷的な形で残っている場合もある。それは、生活の安定を保障するというポジティブな面と、頑張った者、成果を上げた者が報われるという原則に反して、いい加減な人物でも昇給・昇進するというネガティブな面の両面がある。難しい問題だが、人事評価制度に不満がある場合、それが転職動機を高めることになりがちだ。

⑨仕事や職場の社会的評価

人はだれでも世間体を多少なりとも気にするものである。人からどう思われるかが全然気にならない人はいないだろう。本人がどこまで意識しているかは人によるが、世間体というのは、現在の仕事や職場についての満足度にも、職探しの際にも、知らず知らずのうちに影響を与えている。

収入がそこそこ良くて、雇用の安定性にも不安がないといったケースでも、仕事内容が人に誇れるものではない、つまり社会的評価の低い仕事の場合、肩身の狭い思いがあって、仕事がコンプレックスになってしまうことがある。また、見栄っ張りな人や親族に世間体を重視する人がいると、だれも知らないような会社に勤めていることがコンプレックスになる場合もある。

社会的に評価されやすい仕事に就いている人や、だれもが知っている有名企業に勤めている人を羨ましく思う気持ちは、だれにでもあるものだ。しかし、ほとんどの人は、そのようなこととは無縁の世界で働いている。世間体に縛られすぎているタイプの場合、仕事そのものに意味を感じられないといった問題はないか、あるいは親の期待に縛られて親を乗り越えていないといった問題がありはしないかなど、自分のあり方を振り返ってみることも必要かもしれない。

⑩ 仕事のやりがい

豊かな社会になるにつれて、多くの人たちの心を惹きつけるようになったのが、仕事のやりがいだろう。

仕事にやりがいを求めるのは、きわめて正当な姿勢といえる。ただし、いまの仕事にやりがいが感じられない、どのような仕事がやりがいを感じられるのかがわからない、とはっきりしないままに不満ばかりを募らせているといったことになる。それでは、いつまでたっても納得のいく仕事はみつからない。

一番わかりやすいのは、世の中の役に立っている、だれかの役に立っていると感じられることではないか。一所懸命やって、成果が出るというのも、やりがいにつながるはずだ。その場合、まずは必死に取り組むこと、成果が出るまで諦めずに一所懸命にやるといった姿勢がないと、なかなかやりがいを感じることはできない。

⑪ 成長の実感

仕事を生活の糧を得るための手段とみなしている人にとっては、仕事によって自分が得るものは収入だけで十分なはずである。しかし、仕事を通して自己実現したいという欲求をもつ者にとっては、仕事に取り組むことで自分がどのように変化し成長していくかが重要となってくる。

後者のようなタイプは、仕事に一所懸命に取り組むことで、対人スキルが高まっていく、専門領域の知識や技術力が高まっていくなど、自分が成長していると実感できることが必要不可欠な条件となる。いくら収入がよくても、福利厚生が充実していても、潰れる心配のない安定した会社であっても、自分の成長につながる仕事と思えない場合は、不満が溜まってくる。

ただし、成長というのはさまざまな形で生じる可能性があるので、あまり性急にならずに、自分を多面的にみつめることが大切だろう。たとえば、厳しい条件の仕事を地道に続けることで忍耐強さが身についたりするのも成長のはずだが、うっかりすると見逃しがちである。

このチェックテストは、あくまでも大雑把な目安として使うためのものである。現実に一人ひとりを取り巻く環境・条件は非常に複雑で、複数の価値が絡み合っている。

まずは、このテスト結果を参考に、自分が重視しがちないくつかの価値を並べてみよう。多少の得点差は気にする必要はない。実際に職探しをしている場合や、いまの仕事を続けるかどうか迷っている場合は、重視する価値同士を天秤にかけて、自分にとっての重みを測ることも必要になる。

「好きなこと」「やりたいこと」は探さなくてもよい

すでに指摘してきたように、就活中の学生と話をすると、「やりたいことがみつからない」「好きなことがまだみつからない」という者が少なくない。「だから、何とか頑張って、やりたいことをみつけたい」「もっと真剣に自分探しをして、好きなことをみつけたい」などと言う。

だが、「好きなこと」や「やりたいこと」というのは、頑張ってみつけるようなものではないはずである。無理に探さないといけないようなものは、好きなことでもやりたいことでもない。

「これが好きでたまらない」

「これをしていると、時が経つのも忘れる」

「他にやらないといけないことがあっても、どうしてもこれをやってしまう」

「これで食べていけるかどうかわからないし、その可能性は低いかもしれないけど、やらずにいられないから、趣味としてでも続けていくと思う」――

そういったものが、ほんとうに「好きなこと」であり、「やりたいこと」のはずである。

キャリア教育で無理やり探すように強いられ、何とか探し出したものが、ほんとうに好きなこと、やりたいことなのか、じつに怪しい。

かりに、それが好きなこと、やりたいことだったとしても、それが仕事になるかどうかはわからない。たとえ好きなことをみつけ出せたとしても、仕事探しという点では、何の解決にもならない。

「好きなこと」や「やりたいこと」をみつけるよりも大事なのは、まずは、何でもいいから「やれそうな仕事」を選んでみることではないか。

「これなら自分にもやっていけそうだ」

「こういうことなら、結構うまくできるかもしれない」

「こういった仕事なら、何とか続けられそうだ」

そんなふうに思える仕事を並べてみて、間口を広げて仕事を探してみる。そして、どこかに引っかかったら、それも運命だと思って、その仕事をやってみる。

何が何でも、「好きなこと」「やりたいこと」と結びつけて仕事を考えなければならないといった発想自体に、そもそも無理があるのだ。

「好きなことを仕事にすべき」といった発想からの脱却

学校のキャリア教育で、「好きなことを仕事にすべき」といった発想を植えつけるような働きかけがおこなわれている。それこそが、多くの若者が社会に出てから生きづらさに苛まれる要因となっている。

就活を前にした学生たちによる、つぎのような言葉に耳を傾けるべきだろう。

「やりたいことを無理に探す必要はない、という先生の話がとても胸に刺さった。

私も、『もっとやりたいことがあるはず』『ここは自分がいる場所ではない』と強く思っている。でも、この場所にいるのが現実だし、いまの自分を何とか鍛える努力をしていくしかないと思った。

一番印象に残った言葉は、『できることが増えれば、やりたいことも変わる』というもの。やりたいことがない、どうしよう、って思って1年が経ち、何もせずにやりたいこと探しばかりしていて、不安が募っていた。これからは、『やりたいことをみつけよう』ではなく『できることを増やそう』と思って過ごしたい」

「やりたいこと志向の話を先生がしているときに、自分のことを言われているようで、グサグサ来ました。

たしかに私は、やりたいことはこれだと思うものをみつけたつもりでいたのですが、そうなるための準備も勉強も何もしていません。多分、このやりたいことは偽物です。授業で、みつけろとしつこく言われるから無理やりみつけただけ。それに気づくことができただけでも良かったです。

いまできることを一所懸命にやって、行動し、経験して、できることを増やしていきたいです」

「私はずっと、やりたいことがみつからないと言い続けてきました。ゼミの面談でも、『何がしたいの？』と聞かれ、『そろそろ決めないと時間がなくなっていくよ』と言われ、とても焦っているところに、今日この講義だったので、とてもタイムリーでした。

私のなかで2つの新しい気づきがありました。ひとつは、やりたいことを探すより、いま、自分ができることを考えてみる、ということ。たしかに、やりたいこととできることは違うし、ほんとうにどうしてもやりたいなら、探そうとする以前に行動しているはず。だとしたら、やりたいことなんて、いまはとくにないんだと気づくことができました。

2つめは、やりたいこと志向は言い訳になりかねないということ。これもたしかに、自分にあてはまるなと思いました。やりたいことがみつからないからと、目の前の課題に真剣に取り組むことがなく、怠惰な自分の言い訳になっていたように思います」

「好きなこと」と「稼げること」が一致するのは、きわめて稀なことである。一流のアスリートや歌手、お笑い芸人、アーティストなどは、好きなことで稼いでいる稀な例と言える。

だが、そうした領域でも、それで食べていけるようになるのはほんの一握りにすぎず、ほとんどの人は夢破れて、まったく関係のない仕事で食っていくことになる。

たとえば、好きなことが野球で、プロ野球選手として食っていきたいと思ったところで、それができるのは、甲子園や大学野球、社会人野球で活躍した人たちのなかでも、ごくごく一握りにすぎない。それ以前に、甲子園などで活躍するのも、日本中の球児たちのなかのほんの一部にすぎない。

「好きなことを仕事にしなければ」などと思うから、迷うばかりで就活の方向性が定まらなかったり、就職後もいまの仕事に満足できず一所懸命になれないといったことが起こってくるのである。

仕事で自己実現なんてしなくていい

いつか夫婦でパン屋をやれたらいいな、と漠然とした夢をもちながら、週末には奥さんとパンを焼いて自分たちで食べて楽しむ。そういった生活を続けながら、会社勤めを定年までまっとうした人がいた。

ついにパン屋になることはなかったが、週末に夫婦でパン焼きを楽しんできた人生を振り返って、夫婦ともに楽しく充実した人生を送ってきたと、心から満足しているという。

歴史の勉強や調べ物が好きで、歴史の研究者になりたかったが、現実には無理だとわかり、いつか郷土史についての本をまとめてみたいといった夢をもち、会社が休みの土日に図書館や各種資料館に通ったり、お年寄りに昔話を聞きに行ったりして、自分なりに郷土史を整理してきた人がいる。

成果をまとめたノートはすでに数十冊にもなるという。結局のところ、それを本にまとめるということはできなかったものの、きつい会社生活を30年以上も続けてこられたのも、休日の郷土史研究があったからだという。

自分のやりたいことを思う存分やり抜くことで、自分の能力を最大限に発揮する。自分の能力を活かしつつ、何かを極める。

そういう意味での自己実現は、何も仕事でめざさなければならないわけではない。先にあげたパン焼きや郷土史研究の事例も、仕事が休みの日におこなう趣味の世界で、自己実現の道を歩んだものと言える。そうした趣味の世界があったからこそ、味気ない仕事生活を乗り切ることができたのだろう。

このように趣味を楽しむことで、つらい仕事生活を乗り切るというのは、かつては非常に一般的な考え方だったように思われる。ところが、このところなぜか仕事で自己実現しなければいけない、といったようなメッセージが世の中に氾濫しているように感じる。

これは、もしかしたら安い労働力を大量に確保するために、人びとを仕事に駆り立てようとする政府の策略なのではないかと疑いたくなるくらいだ。
本田との対談のなかで阿部も、「趣味を仕事にするということがいかに危険か」を強調する。

「ようするに仕事で自己実現するのもいいんだけど、それが流動的な下層のサービス職である場合、非常に危険な状態である（後略）」（本田由紀『軋む社会——教育・仕事・若者の現在』河出文庫、以下同）

そして、

「仕事はつまらないものだし、生きていくためにつまらなくてもやらなくてはいけない。必要悪なんです」

「仕事はつまらないもので、必要悪であるという認識をもったうえで、自己実現は余暇ですればよいというのが、これまでの二冊の本の主張です。余暇を楽しむために仕事をする。そういった働き方ができていない状況になっているというのが、大きな問題だと思います」

という。

阿部は、仕事で自己実現しようという姿勢が「やりがい搾取」につながり危険だと主張しているのだと思われる。

それに加えて、もうひとつ。「仕事で自己実現しなければ」などと思うから、どのような仕事をしてもなかなか納得できず、やりがいのある仕事を求めてさまようようになってしまうことがある。

「仕事で自己実現なんてしなくていい」と思えば、もっと気楽に仕事を選べるし、たまたますることになった仕事に納得せずに、やりがいを求めて職を転々とするということにもならずにすむ。

「生活に必要なお金を得るために仕事をする」

「趣味を楽しむために仕事をする」

と思っていれば、仕事にやりがいなど感じなくても問題ないし、もし達成感や成長感、充実感、使命感などが得られることがあれば儲けもの、といった姿勢で仕事に向かえば、たいていの仕事はこなせるだろう。

仕事をするために生きているのではない

これで明らかになったのは、2011年から本格的に大学の教育課程に導入されたキャリア教育において、いかに見当違いな発想が若者に植えつけられているかということだ。

「好きなことを探そう」

「やりたいことを仕事にしよう」

「仕事で自己実現しよう」

そのような発想を植えつけるキャリア教育が盛んにおこなわれている。だが、それを鵜呑みにして突っ走る若者の多くが、自分がしている仕事は本来自分が好きなことではないと感じ、あるいはこの仕事を続けていても自己実現できる気がしないと思い、仕事に不満をもったり、転職を重ねたりする。

一方で、好きな仕事がみつからないと悩み、就活を諦める者がいたり、とりあえず職に就いているものの、いつか好きな仕事をみつけないといと思っている若者がいたりする。

このようにみてくると、「好きなことを仕事にすべき」とか「仕事で自己実現すべき」といった発想を植えつけられることで、たまたまやることになった目の前の仕事に没頭できず、仕事生活に納得いかなくなってくることがわかる。

そんなときに、「やりがい」をちらつかせるあくどい雇用主が出てくると、「やりがい」に飢えているだけに、ついはまってしまう。

「やりがい搾取」にはまるのを防ぐには、発想の転換が必要である。

そもそも仕事というのは、生きていくために嫌でもしなければならない。

狩猟・採集の時代だって、生きていくために、闘いで怪我をする恐れがあっても狩猟に出ざるを得なかった。そうしないと生きてはいけなかった。田畑を耕すのも、重労働できつくて苦しくても、生きていくためにせざるを得なかった。

仕事というのは、本来そのようなものだったはずである。人は生きていくために仕事をするのであって、仕事をするために生きているのではない。

いまの多くの若者が抱える生きづらさは、仕事を人生の目的のように思い込まされるところからきているのではないか。

仕事に対して、もっと気楽に構えるのがいい。

仕事人間のなれの果て……

仕事上のつきあいを最優先させ、家庭を顧みずに働き続けてきたために、働き盛りを過ぎて早く帰れるようになった頃には家庭に居場所がなく、家族との心のふれあいもてなくなっていた――。そんな中高年も少なくない。

仕事が定時に終わったので、まっすぐに帰宅して、家族と一緒に食卓についても、「なんであんたがここにいるの？」といった雰囲気が漂い、どうにも居心地が悪い。

だから用もないのに職場で居残りをしたり、帰りに居酒屋で時間を潰したりする――。いわゆる「帰宅恐怖症候群」に陥る男性も出てきている。

人間関係力の乏しい人たちが増えているせいで、人間関係のレンタルというようなおかしな商売も登場した。

結婚式をする際に、友だちがいないのはみっともないということで、新郎あるいは新婦が友だちをレンタルする。

最近では、インスタ映えなどと言われるように、インスタグラムに写真を投稿するのが流行《はや》っている。人から「いいね！」と言われるために、インスタ映えするような「華《はな》のある女性」を友だちとしてレンタルして、一緒に撮った写真を投稿する女性もいるようだ。

人間関係をレンタルするなんて、近頃の若者はどうかしてると思う年配者もいるかもしれない。だが、年配者にもレンタルを利用する人がいるのだ。

たとえば仕事一途で、仕事絡みのつきあいばかりで、プライベートなつきあいがほとんどなかったため、定年退職をしたら、だれもつきあう相手がいないので家にひきこもり気味となり、これはまずいと思った家族から友だちのレンタルを勧められたという人もいる。

一生懸命に働いて、ようやく定年退職を迎え、これからは自分の好きなように過ごせることになったのに、やることもなければ、つきあう友だちもいない。何とも淋しいことではないだろうか……。

自己実現の15の要素

私は若い頃に、マズローの自己実現理論に基づいて、自己実現傾向を測定する心理尺度を開発し、各種学会で発表したりしてきた。そうした立場からすると、このところ世間で言われている自己実現という言葉は、本来の意味とはまったく違ったニュアンスで用いられていると言わざるを得ない。

仕事で活躍している実業家や政治家、芸能人などをみると、自己実現とは無縁の、むしろ利己的な欲望を剝き出しにした見苦しさを感じることがある。

あるいは、良心的に仕事をしていても、切羽詰まった感じで気持ちに余裕がなか

ったり、周囲に振り回されたりして、とても自己実現とは無縁の生活をしていると
しか思えなかったりする。

ここで、自己実現とはどのようなことを指すのか、改めて考えてみることが大切
であろう。

マズローは、自分の可能性を十分に実現している人間を「自己実現的人間」と呼
び、精神的に健康な人間の極に置いている。

そのような自己実現的な人間がもつ特徴として、つぎのようなものをあげている。

①現実の正確な認知
②自己、他者および自然の受容（ありのままを受け入れることができる）
③自発性
④問題中心性（自己にとらわれずに課題に集中できる）
⑤超越性（周囲に巻き込まれずにプライバシーを保てる）
⑥自律性

⑦鑑賞力の新鮮さ
⑧神秘的体験
⑨共同社会感情（人類との一体感）
⑩少数の友人や愛する人との親密な関係
⑪民主的性格構造
⑫手段と目的の区別（倫理的感覚）
⑬悪意のないユーモアのセンス
⑭創造性
⑮文化に組み込まれることに対する抵抗

私生活のなかでの自己実現こそ大切

マズローの自己実現の心理学では、欲求の階層説が唱えられ、人間には4つの基本的欲求があり、まずは最下層の「生理的欲求」を満たすべきとされる。それがある程度満たされると、「安全の欲求」が課題となる。

戦時中などは食べ物にも困り、身の安全も脅かされるため、人びとはこの２つの欲求に駆り立てられて動くことになる。

だが、平和な世の中ではこの２つはほぼ満たされるため、「愛と所属の欲求」や「承認と自尊の欲求」が頭をもたげ、人びとは親しい相手や居場所を求める。また、人から認められたい、その結果として、自尊心をもてるようになりたいといった思いに駆られる。

親しい人間関係や居場所があり、そこそこ自分に自信がもてるようになると、「自己実現の欲求」が頭をもたげてくる。

もっと自分らしく生きたい、自分の潜在的なものを開花させたい、美しい生き方がしたい、善い人生を送りたい、心豊かな日々を送りたい、といった思いに駆られるようになる。

それが「自己実現の欲求」である。自己実現は人生の大きなテーマであり、べつに仕事とは関係ない。

それなのに、自己実現を何が何でも仕事に結びつけようといった発想を植えつけようとする、キャリア教育に問題があるのだ。

仕事をすることで生活の糧が得られる。収入が確保され、生活の安定が保障されるため、「生理的欲求」や「安全の欲求」がそこそこ満たされる。さらに、職場の仲間がいたり、仕事で評価されたりすることで、「愛と所属の欲求」や「承認と自尊の欲求」が満たされる。もちろん、「愛と所属の欲求」や「承認と自尊の欲求」は、プライベートな友だち、恋人や配偶者によって満たされる面もある。

いずれにしても、仕事をすることによって4つの基本的欲求がそこそこ満たされることになる。だが、その先の「自己実現の欲求」の充足まで仕事に求めることはない。

前項で自己実現の基本的な要素を示したが、たとえば「鑑賞力の新鮮さ」というのは、何気ない日常のなかで、ちょっとしたことにも感動する心をもつことを指している。

桜の花の美しさに感動する。道端の雑草をみて、生命の逞《たくま》しさを実感する。餌をついばむ雀を愛《いと》おしさを込めて眺める。そんな心をいつの間にか失ってはいないだろうか。それでは自己実現への道を歩めない。

「自己、他者および自然の受容」も自己実現の基本的な要素だが、そのなかの「自己の受容」を考えてみると、自己実現を勘違いして、活躍したいのに活躍できない、輝きたいのに輝けない、どうしたら活躍できるのだろう、どうしたら輝けるのだろうと葛藤する人は、ありのままの自己を受容できず、自己にとらわれすぎている。

それは、「問題中心性」という観点からしても、自己にとらわれ本来の課題に集中できないことになり、好ましくない。これでは自己実現から遠ざかってしまう。

利潤追求のため、あるいは権力獲得のために戦略思考に走り、ときにライバルを蹴落とすような策略をめぐらしたり、消費者に必要のないものを買わせようとしたりする者も、本人は仕事で自己実現をめざしているつもりかもしれないが、じつは自己実現から遠ざかる生き方にはまっている。

そのような生き方は、「共同社会感情」や「民主的性格構造」、そして「手段と目的の区別」といった自己実現の基本的な姿勢に反するものであり、自己実現から遠ざかる姿勢と言わざるを得ない。

グローバルの時代に勝ち残るには、きれいごとを言っていられない、どのような手段を使ってでも勝たなければならない、といって事業拡張のために策を弄《ろう》する者も、倫理観を失っているという意味で、「手段と目的の区別」ができていない。それればかりでなく、「文化に組み込まれることに対する抵抗」という自己実現の基本的な姿勢をもたず、いかに金儲けがうまくいっても自己実現とは無縁の生き方をしていることになる。

「少数の友人や愛する人との親密な関係」も自己実現の基本的な要素だが、仕事にしか関心がなく、親密な関係をもつことができない者もいる。仕事絡みの人脈づくりにばかり励んでおり、仕事を離れた親密なつながりがない。仕事で縁ができた相手とも仕事を越えたつきあいができない。それではいくら仕事で成果を出したとしても、非常に淋しい人生になり、自己実現とはほど遠い……。

こうしてみると、「仕事で自己実現すべき」というようなメッセージがいかに見当はずれなものであるか、そして自己実現という言葉がいかに曲解されて世の中に広まっているかがわかるだろう。

私生活のなかで、趣味に浸ったり、親しい友だちと楽しく過ごしたり、恋人や配偶者と気持ちを共有したりして、充実した心豊かな日々を過ごす。そうした生活を支えるために仕事をする。それこそが、ごくふつうに可能な自己実現への道と言えるのではないだろうか。

あとがき

過重労働の問題が世間を騒がせているが、そうした報道に接するたびに、教育現場にいる人間として、やりがいを強調するキャリア教育の弊害を感じざるを得ない。仕事にやりがいを求めること自体は、けっして悪いことではない。だが、やりがいを感じさせることで、過重労働を受容するように導く巧妙な仕組みがあり、それによって低賃金で長時間労働を強いられるといった現実がある。

若者を対象とした実態調査のデータをみても、低賃金かつ長時間労働といった劣悪な条件下に置かれ、使い捨てのような処遇を受けながらも、仕事への満足度が高く、モチベーションも高いのである。しかも、そうした傾向が年々強まっている。

なぜ、そのようなトリックに簡単に引っかかってしまうのか――。

そこには「好きなこと探し」をしきりにやらせ、「やりたい仕事をみつけよう」「仕事で自己実現しよう」などと仕事と自己実現を結びつける発想を植えつける、学校でのキャリア教育が深くかかわっているのは間違いない。「活躍社会」とか「輝く社会」などといったキャッチフレーズで人びとを仕事に駆り立て、安い労働力を大量に確保しようとする、政府や財界の動きと連動しているのではないかと疑いたくなるほどだ。

就活中の学生や就職して数年の若手社員は、「成長」とか「やりがい」という言葉をよく口にする。仕事で成長することも大事だし、仕事にやりがいを感じることも悪くない。だが、そこにこそ「やりがい搾取」が蔓延する素地があることに気づいてほしい。

私たちは、働くということについて、そして生きるということについて、改めて考え直してみる必要があるのではないか。私たちは働くために生きているのではない。生きるために働いているのである。

この企画は、『中高年がキレる理由《わけ》』『「おもてなし」という残酷社会』と同じく、平凡社新書編集部の和田康成さんと、いまの労働者が置かれた状況のはらむ問題について、語り合うなかで形をなしてきたものである。

とくに「成長」とか「やりがい」、あるいは「活躍」とか「輝く」といった言葉に洗脳されたかのように、過重労働に駆り立てられていく若者たちを何とか救えないものか、という思いを込めて語り合った。

本書が、自己実現の勘違いに気づき、「やりがい搾取」から身を守るきっかけとして機能するように、切に願っている。

榎本博明

【著者】
榎本博明（えのもと ひろあき）
1955年東京生まれ。東京大学教育学部教育心理学科卒業。東芝市場調査課勤務の後、東京都立大学大学院心理学専攻博士課程中退。心理学博士。カリフォルニア大学客員研究員、大阪大学大学院助教授などを経て、現在、MP人間科学研究所代表、産業能率大学兼任講師。おもな著書に『〈ほんとうの自分〉のつくり方』（講談社現代新書）、『「やりたい仕事」病』（日経プレミアシリーズ）、『中高年がキレる理由《わけ》』『「おもてなし」という残酷社会』（ともに平凡社新書）などがある。
MP人間科学研究所　mphuman@ae.auone-net.jp

平凡社新書877

自己実現という罠
悪用される「内発的動機づけ」

発行日——2018年5月15日　初版第1刷

著者————榎本博明
発行者———下中美都
発行所———株式会社平凡社
東京都千代田区神田神保町3-29　〒101-0051
電話　東京（03）3230-6580［編集］
東京（03）3230-6573［営業］
振替　00180-0-29639
印刷・製本—株式会社東京印書館
装幀————菊地信義

ISBN978-4-582-85877-8
NDC分類番号361.4　新書判（17.2cm）　総ページ232
平凡社ホームページ　http://www.heibonsha.co.jp/